Bem Sertanejo

A história da música
que conquistou o Brasil

Bem Sertanejo

A história da música
que conquistou o Brasil

Michel Teló

André Piunti

Fotografias de Fernando Hiro

Planeta

BHANDONI

AND
STYLE

HERING

Michel Teló Em 2011, eu e o Teófilo, meu irmão mais velho e também meu empresário, tivemos a ideia de criar o "Bem Sertanejo". Seria um DVD musical com diversas participações, que passaria por todas as fases da música sertaneja, contando a história do gênero através das canções.

Estávamos viabilizando o projeto quando, em um show no Nordeste, conhecemos "Ai se eu te pego". O sucesso rápido da música e tudo o que aconteceu depois nos fez colocar o DVD na gaveta, para usarmos no futuro.

Nesse meio-tempo, muita coisa aconteceu na minha carreira. "Ai se eu te pego" me levou a lugares onde eu jamais imaginei estar, fiz shows em toda a Europa, no Japão, na América do Sul, além da enorme repercussão no Brasil.

No final de 2013, a gente decidiu que era hora de resgatar aquele projeto "Bem Sertanejo" que, na verdade, ainda não tinha esse título. Afinal, não havíamos pensado em um nome ainda. O projeto naquele momento parecia mais interessante ainda porque, após ter visitado praticamente o mundo todo com a minha música, eu poderia mostrar ao público qual era minha real origem, tudo o que eu ouvi e o que ajudou a moldar o meu trabalho.

Em uma reunião no nosso escritório, surgiu a ideia de apresentar o "Bem Sertanejo" ao *Fantástico*. Tínhamos certa dúvida, claro, pois o programa nunca havia exibido um quadro sobre música sertaneja, mas a força do gênero nos fazia acreditar que eles poderiam se interessar pela nossa proposta.

Quando criança, Michel era conhecido como "o menino que cantava 'Galopeira'."

Resultado: o produtor musical do *Fantástico*, Celso Lobo, topou a ideia logo na primeira conversa, levou para a direção e ainda em 2013 nós tiramos a série do papel e começamos a gravar.

Foi minha primeira experiência comandando uma atração. Tínhamos a preocupação de que as pessoas não me vissem como um repórter – o que, de fato, não sou –, e reconhecessem nossa proposta, que era a de registrar e levar ao ar um encontro descontraído entre artistas, e não uma entrevista.

Após uma série de conquistas que jamais imaginara para a minha carreira, eu estreava um novo desafio que nunca tinha passado pela minha cabeça: apresentar um programa na televisão.

Primeiramente, a intenção era de que o "Bem Sertanejo" estreasse em abril de 2014, mas, por decisão da própria emissora, nossa estreia foi ao ar num domingo, depois da final da Copa do Mundo, no dia 20 de julho.

Além de contar um pouco da história da música sertaneja por meio dos artistas e das canções, a série deu uma grande alegria para mim. Pude tocar e cantar com meus ídolos de infância, conversar sobre assuntos que nós só ouvíamos falar nos bastidores, e ainda tive a oportunidade de comandar um programa de TV.

Eu sou nascido em Medianeira, no Paraná, mas fui criado em Campo Grande, no Mato Grosso do Sul, estado muito importante na minha formação musical. Meu avô tocava sanfona, meu principal instrumento desde garoto.

Quando criança, o Teófilo sempre estava comigo tocando violão. Em qualquer lugar onde eu fosse cantar, ainda só como diversão, o Teófilo me acompanhava no violão.

Por volta dos oito anos de idade, formei uma dupla

chamada Michel & Rômulo, colega que estudava na mesma classe que eu no Colégio Dom Bosco. A gente tocava para o pessoal da escola, mas me lembro de que fizemos um show no shopping e ganhamos nosso primeiro cachê.

Eu gostava muito de fazer a segunda voz, embora meu pai não achasse a ideia tão boa. Para ele, eu deveria fazer a primeira, e de certa forma isso inviabilizou o futuro da dupla. Voltei a cantar sozinho, e fiz apresentações em Campo Grande acompanhado do Teófilo.

Com doze anos, montei minha primeira banda: Grupo Guri. Éramos eu, Teófilo, Mandu e Ivan Miyazato (hoje, renomado produtor sertanejo). Foi então que comecei a tocar em bailes profissionalmente. Eram cinco, seis horas tocando sem parar.

A experiência não durou muito. O Teófilo não queria mais tocar em baile, e eu acabei saindo também. Logo depois, entrei no grupo Bailanta e gravei meu primeiro LP. O problema é que a banda era do Sul e eu morava em Campo Grande. A viagem era muito longa, e quando eu voltava, cansado, do fim de semana, meu pai me fazia levantar cedo na segunda-feira para estudar. Por conta dessa dificuldade, precisei me afastar também desse grupo.

No ano seguinte, montei outra banda, o Santo Chão. Um dos nossos objetivos era gravar um disco, mas em Campo Grande não havia um estúdio que atendesse o que a gente queria. Por esse motivo, eu, o Teófilo e o Ivan montamos um estúdio, local no qual eu passaria horas e horas da minha vida dali em diante. Eu me revezava entre estúdio, bailes e escola, que já tinha virado obrigação.

Nós gravamos o disco, mas logo após o lançamento eu saí do grupo por conta de algumas desavenças. Não

"Ai se eu te pego" é a música brasileira de maior sucesso no mundo no século XXI.

> Como uma música em português poderia aparecer, de um dia pro outro, como a mais tocada em países como a Croácia?

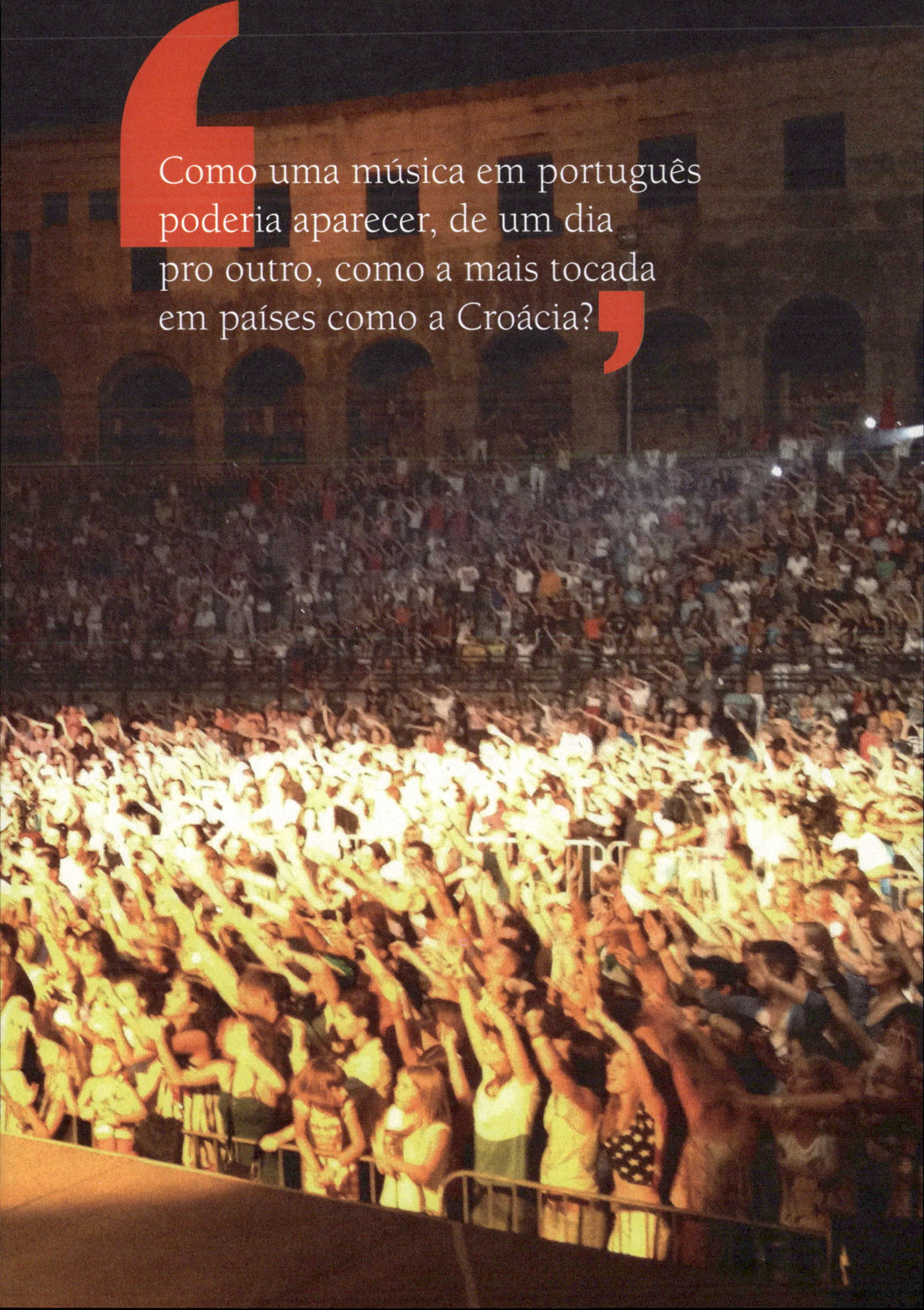

Em turnê, Michel visitou mais de vinte países.

estava recebendo o combinado, o Teófilo entrou no meio para discutir o assunto, e acabei saindo.

Sem banda, me dediquei só ao estúdio. Fiquei gravando e produzindo, e nessa época o Tradição gravava no meu estúdio. Como não fazia mais bailão, saía com minha sanfona dando canja, tocava com um, com outro, somente para poder estar no palco. Meu desejo sempre foi estar no palco.

Quando eu tinha dezesseis anos, o sanfoneiro do Tradição saiu e eu fui chamado para quebrar um galho. E assim começou uma história que duraria doze anos.

Entrei como sanfoneiro e fui ganhando meu espaço. No segundo disco, já cantei uma música. No terceiro, cantei duas ou três. No quarto, um disco ao vivo que a gente gravou em 1999, eu já estava como líder da banda. Foi nesse projeto ao vivo, inclusive, que nós começamos aquela mistura de sertanejo com música gaúcha e com percussão, que influenciaria uma geração de novas duplas alguns anos mais tarde.

No estúdio, gravavam artistas de todos os ritmos, era pagode, axé, vanerão. De tanto ouvir estilos diferentes, decidi reunir todos em um só, e então surgiu aquele batidão pelo qual o Tradição ficou conhecido, aquela forma de tocar música sertaneja com swing. Me lembro do Bruno, parceiro do Marrone, pegar nosso CD e pedir para os músicos dele tocarem igual.

As duplas dominavam o mercado, alguns cantores solo começavam a surgir, mas o formato de banda ainda funcionava bastante. Tivemos uma grande sacada quando criamos um projeto chamado "Micareta Sertaneja", que rendeu dois DVDs. Subíamos em um trio elétrico, fazíamos um show bem mais animado que o normal, e acabamos abrindo as portas dos trios elétricos para os sertanejos, algo que virou realidade poucos anos depois.

Foram doze anos de Tradição. Em 2008, comecei

Acima, Michel no coliseu de Roma. Abaixo, coliseu na Croácia onde Michel fez um show para milhares de fãs.

Michel entrou para o grupo Tradição com apenas dezesseis anos e ficou à frente da banda por doze anos.

a perceber que as ideias dos integrantes não batiam mais com as minhas. Eram muitos sócios, cabeças diferentes. Se você não for objetivo e certeiro nesse mercado, ele te atropela. Eu estava com 27 anos, sentia que precisava fazer algo novo, e decidi dar início a outro projeto. No começo de 2009, anunciei aos meus parceiros que iria sair. Fiquei ainda alguns meses, saí apenas em agosto, mas já havia começado um planejamento estratégico, com ajuda de um profissional, para os próximos dezoito meses. Valor de cachê, quanto eu gastaria com cada segmento, possibilidade de lucro e de prejuízo. A gente tinha planejado tudo, e em 28 de agosto fiz meu primeiro show solo, na Festa do Peão de Barretos.

Nesse primeiro show, a música "Ei, psiu! Beijo me liga" já era um sucesso. Eu havia lançado como minha primeira canção de trabalho, e ela andou tão rápido que foi o principal destaque do rodeio naquele ano.

Em 2010, com dez meses passados do início do novo projeto, eu lancei a "Fugidinha", e estourei. No planejamento que nós fizemos, o objetivo maior ao final dos dezoito meses era conseguir chegar ao programa do Faustão, mas chegamos bem antes disso.

Em 2011, já bastante conhecido, eu estava atendendo fãs e imprensa no camarim em um show no interior da Bahia quando ouvi uma banda tocar "Ai se eu te pego". A gente começou a discutir se valeria a pena colocar no nosso repertório, porque apesar de ser muito simples, nós sentimos algo diferente.

Eu tinha um show agendado para Palmas, no Tocantins, e decidi colocar a música no repertório. Fizemos o arranjo no hotel e fomos testar com o público. Foi um fenômeno. As pessoas nunca tinham ouvido aquela música, mas gritavam alucinadas e pediam bis. Saímos direto para o estúdio e lançamos "Ai se eu te pego" em julho.

A música me colocou em um patamar que nenhum artista imagina chegar. Nós sonhamos com reconhecimento, com sucesso, mas qual era a chance de um cantor sertanejo fazer sucesso no mundo? Qual a probabilidade de um vídeo sertanejo ficar entre os mais vistos de todo o planeta? Como uma música em português poderia aparecer, de um dia pro outro, como a mais tocada em países como Alemanha, Áustria, Bulgária, França, Polônia, Romênia, Holanda ou Suíça? Sucesso na Finlândia? Em Israel? Na Dinamarca? E a lista é bem maior. Foi uma loucura, uma sensação muito difícil de explicar, uma época repleta de histórias boas.

Em 2013, Michel ganhou o prêmio latino da *Billboard* pela melhor canção do ano.

Aquele guri que tocava baile no Mato Grosso do Sul havia conquistado o mundo com o próprio suor, sem negar suas origens, e com a sanfona como companheira.

Estou completando 22 anos de carreira, de muita luta, estrada e suor. Sei que de alguma forma ajudei o sertanejo a chegar ao posto de principal música do país, e vou continuar trabalhando para manter isso. Tenho orgulho de tudo o que conquistei e muito carinho pelo projeto "Bem Sertanejo", por meio do qual eu pude agradecer e mostrar ao grande público o que o sertanejo fez por mim. Espero que vocês curtam o livro, divirtam-se com as histórias, e passem a conhecer um pouco mais sobre música sertaneja.

Viajando pelo tempo

Século XVI
Os portugueses chegam ao Brasil e trazem a viola

Os jesuítas usam a viola em festejos religiosos, como a Folia de Reis, para catequizar os índios e, posteriormente, os negros

Século XVII
Os caboclos se apropriam da viola portuguesa e mudam o design, usando madeira brasileira

Século XX
Aparecimento das primeiras duplas de música caipira

1918
Angelino de Oliveira compõe "Tristeza do Jeca", um dos hinos da música sertaneja, que se tornaria sucesso nas vozes de Tonico & Tinoco décadas depois

1929
Primeira música sertaneja gravada: "Jorginho do sertão", de Cornélio Pires, interpretada pela dupla Mariano & Caçula

Década de 1930
Ao dar espaço para a apresentação de duplas caipiras, os circos ajudam a popularizar a música no interior

1936
A Rádio Nacional entra no ar marcando a ascensão do rádio

Década de 1940
Considerada uma das mais importantes de todos os tempos, a dupla dos irmãos Tonico & Tinoco consolida o sucesso da música caipira e lança seus primeiros discos

DÉCADA DE 1950
As duplas sertanejas migram para São Paulo por conta do sucesso das emissoras de rádio

1952
A influência da cultura paraguaia na música sertaneja se concretiza com o estouro de duas versões do casal Cascatinha & Inhana: "Índia" e "Meu primeiro amor"

1955
A dupla Luizinho & Limeira lança um dos maiores clássicos sertanejos: "O menino da porteira", de Teddy Vieira e Luizinho

1956
Primeira edição da Festa do Peão de Boiadeiro de Barretos, no interior de São Paulo

Década de 1960
Surgimento do pagode de viola com Tião Carreiro & Pardinho

1967
Gravação de "Saudade da minha terra", um dos maiores hinos da música sertaneja

Década de 1970

A dupla Léo Canhoto & Robertinho revoluciona o sertanejo introduzindo instrumentos como bateria e guitarra elétrica e adotando um visual pop com cabelos compridos, roupa colorida e óculos escuros

1973

Primeiro disco da dupla Milionário & José Rico, conhecidos como "As gargantas de ouro do Brasil"

1978

Lançamento do filme *Estrada da vida*, dirigido por Nelson Pereira dos Santos, que conta a trajetória de Milionário & José Rico

Década de 1980

"Fio de cabelo", primeiro grande sucesso da dupla Chitãozinho & Xororó, foi a música que abriu as portas para o sertanejo nas rádios FM

1985

Influenciados pelo Rock in Rio, Chitãozinho & Xororó transformam o show sertanejo em entretenimento

1989

"Entre tapas e beijos" é o primeiro hit da dupla Leandro & Leonardo

Década de 1990

O especial sertanejo *Amigos* faz sucesso na Rede Globo e vira programa de televisão

1991

"É o amor" é o primeiro hit da dupla Zezé Di Camargo & Luciano

1997

João Paulo, da dupla João Paulo & Daniel, morre em um acidente de carro.
Campanha publicitária de uma cerveja reúne as duplas Chitãozinho & Xororó, Zezé Di Camargo & Luciano e Leandro & Leonardo

1998

Leandro, da dupla Leandro & Leonardo, morre vítima de câncer

Década de 2000

A dupla Bruno & Marrone estoura com o hit "Dormi na praça"

2004

Surgimento das festas sertanejas universitárias em todo o país

2005

A Rede Globo exibe a novela *América*, a primeira com temática de rodeio

2011

Estouro do hit "Ai se eu te pego", de Michel Teló, primeiro sucesso sertanejo no exterior

2014

A Rede Globo exibe o especial "Bem Sertanejo" dentro do programa *Fantástico*

Chitãozinho & Xororó

a entrada da música sertaneja na grande mídia nos anos 1980

Takamine

Para o cenário da música sertaneja, Chitãozinho & Xororó foram importantes em várias épocas e por diferentes motivos

O CHITÃOZINHO E O XORORÓ são dois caras que estarão para sempre na história da música sertaneja. Sou suspeito para falar, pois desde a minha infância eles fazem parte da trilha da minha vida. Quando eu participava do coral do Colégio Dom Bosco, em Campo Grande, cantava música deles. A primeira vez em que subi em um palco, com sete, oito anos de idade, cantei "Fogão de lenha", hit deles. Menino ainda, eu fazia sucesso em Campo Grande como "o menino que cantava 'Galopeira'", porque copiava o jeito deles de cantar. Assim que comecei a tocar baile, com doze anos, boa parte do repertório dos shows era deles.

Em 2000, Chitãozinho & Xororó conheceram o Tradição. Gostaram do que a gente fazia e nos convidaram para cantar em um show deles no Olympia, em São Paulo. Também nos ajudaram a entrar em uma gravadora.

Para o cenário da música sertaneja, eles foram importantes em várias épocas e por diferentes motivos, como o investimento em estrutura e em qualidade nos anos 1980; ou quando aceitaram a música country americana como uma grande influência no começo dos anos 1990.

Artistas são bastante explorados pela mídia, mas há um nome especificamente na música sertaneja que não é adepto a mostrar sua intimidade em público: Xororó. Apesar dos mais de trinta anos de sucesso, e de ter visto seus dois filhos se tornarem conhecidos no país todo, ele sempre tentou preservar sua privacidade.

A situação criava certo desconforto, pois a intenção do "Bem Sertanejo" era a de entrar onde outras equipes não entraram e falar de assuntos que ficavam de fora da maior parte das entrevistas. Ficou combinado que a gravação aconteceria na casa de Chitãozinho em Campinas, no interior de São Paulo.

Passamos para pegar o Xororó e ele nos autorizou a filmar sua marcenaria particular, seu hobby pouco conhecido. Partimos para a casa do Chitão em um condomínio próximo. Lá as filmagens se concentraram na área externa, próximo à churrasqueira, na qual o anfitrião fez sua tradicional picanha no shoyu.

A história de Chitãozinho & Xororó serviria de pano de fundo para explicar como, através deles mesmos, a década de 1980 mudou o rumo da música sertaneja. Em 1982, a dupla lançou "Fio de cabelo", que não foi o primeiro sucesso deles ("60 dias apaixonado" fora lançado três anos antes, por exemplo), mas que se tornou o principal hit da carreira dos irmãos.

CHITÃOZINHO: O disco *Somos apaixonados*, que tinha "Fio de cabelo", fez muito sucesso, no mínimo umas cinco músicas foram explodindo no rastro de "Fio de cabelo". As pessoas descobriram o disco e começaram a pedir nas rádios. Em tudo quanto é rádio parece que tocava o disco inteiro. Ficamos dois anos sem gravar, curtindo o sucesso. Foi a música que abriu as portas. Depois vieram outras e outros artistas fazendo trabalhos bons. Todo mundo ajudou nessa abertura. O momento atual da música sertaneja, que ganhou o título de "sertanejo universitário", só teve impacto porque apareceram muitos artistas bons ao mesmo tempo. Foi parecido com o que aconteceu com a gente na nossa época. Começamos a fazer sucesso e tinha também Milionário & José Rico, João Mineiro & Marciano, Trio Parada Dura. Água mole em pedra dura...

A canção "Fio de cabelo", assinada por Darci Rossi ao lado de Marciano, da dupla João Mineiro & Marciano, não havia sido endereçada a Chitãozinho & Xororó. Chegou até eles por acaso, após ter sido rejeitada por João Mineiro:

MARCIANO: Meu parceiro não gostou porque achou a música muito forte. Então eu falei: "Quem quiser gravar que grave". O Chitão gravou e dali três meses a música estava estourada no Brasil inteiro.

Até a década de 1980, as rádios FM que tocavam música sertaneja escondiam as canções na madrugada. Tratando de uma forma mais simplista, praticamente não existia música sertaneja nas FM. A virada aconteceu justamente com "Fio de cabelo". Ela não foi a primeira a tocar em horário nobre em uma rádio de renome, mas foi a partir dela que os programadores se viram obrigados a abrir espaço para a música sertaneja. Na primeira metade dos anos 1980, começava uma invasão de sertanejos nas mídias mais poderosas que culminaria no grande boom dos anos 1990. Como disse Chitãozinho, quando a porta foi aberta, havia muita gente esperando para entrar.
Se shows sertanejos chegam a custar mais de 300 mil reais, empregam grandes equipes de produção e requerem logística de alto custo, a origem está em Chitãozinho & Xororó. Ao decidir abandonar a característica mambembe e colocar na estrada uma apresentação com boa qualidade visual e de áudio, eles também foram os responsáveis pela profissionalização dos artistas sertanejos.

XORORÓ: Depois do sucesso de "Fio de cabelo", começamos a prestar atenção na plateia. Era um público muito jovem, os estudantes, a mulherada, aquela juventude cantando as nossas músicas. Nossas apresentações eram para cinquenta, cem mil pessoas. Mas na hora do show, chegava o Chitão, eu, um irmão tocando baixo e um sanfoneiro. Era tudo meio devagar... Vimos que precisávamos dar uma incrementada no nosso som. Tudo o que a gente ganhava com a música, passava a investir em equipamento de som, luz, palco. Durante três anos, levávamos essa estrutura de graça para os contratantes. O cara comprava o nosso show por dez mil, mas nesse valor estava embutido carro de som, luz, tudo.

Chitão e Xororó comemoraram os quarenta anos de carreira lançando três DVDs com participação de inúmeros artistas.

CHITÃOZINHO: Eles falavam: "Não precisa, dupla sertaneja tem de ter só voz e violão, duas vozes. É isso o que o povo quer ver". E a gente falava: "Não, você está enganado".
Quando teve o primeiro Rock in Rio, veio o Yes, aquela banda de rock, e eles fizeram um show fantástico. Tinha gelo seco que saía debaixo do palco. A gente ficou louco com aquilo lá. Então nós compramos um jogo de luz parecido. Construímos um palco todo vazado com grade, as máquinas por baixo e os retornos embutidos no palco. Nós tivemos de comprar caminhão e ônibus para carregar tudo aquilo e levar pro cara que não queria saber. Foi aí que a música mudou. O conceito de sertanejo deixou de ser só viola e violão.

Tamanho sucesso teria um preço. Ainda mais se tratando de dois caras do interior cantando um gênero "da roça", que até então não era aceito por quem comandava a elite cultural do país. O preconceito vinha também de dentro do próprio meio sertanejo.

CHITÃOZINHO: Ficamos dois anos sem gravar depois de "Fio de cabelo", aproveitando o sucesso das outras músicas. Decidimos lançar um novo disco e a pergunta era: "Agora vamos gravar o quê?". Tinha de mudar, ser alguma coisa diferente. Como sempre gostamos de música romântica e nosso público era muito grande, decidimos fazer um disco parecido com os arranjos do Roberto Carlos e do Julio Iglesias.
Depois da nossa vendagem, a gente tinha moral para pedir para a gravadora. Não houve economia, nós fizemos o disco de acordo com nosso sonho. Quando o disco saiu, *Amante*, o mercado todo desceu o pau.

"Depois do sucesso de "Fio de Cabelo", começamos a prestar atenção na plateia. Era um público muito jovem cantando as nossas músicas"

XORORÓ: Todo mundo entre aspas, né? Os conservadores, os programadores de rádio que eram influentes no mercado.

CHITÃOZINHO: É, as pessoas que tinham influência no nosso meio. A gente ficou triste e preocupado. Caramba, erramos! Só que o disco vendeu, o povo comprou, as músicas fizeram sucesso.

XORORÓ: Uma coisa que a gente aprendeu com o tempo é que a música sertaneja dá liberdade de brincar. Quando introduzimos guitarra, bateria, sintetizador, fizemos com cuidado. A gente sempre procurava colocar de uma maneira que não ofendesse o ouvido daquele sertanejo tradicional. Por isso, você sempre vai ouvir a viola e a sanfona nos nossos discos. A gente sempre ousava um pouquinho, mas dosado. A música "Falando às paredes" tem um solo de guitarra e distorção, mas não agride, não é aquela coisa power que fazemos hoje em dia.

Havia outro terreno difícil de pisar ainda nos anos 1980: as classes mais favorecidas. Cantar em feiras, circos e casas noturnas populares já virara realidade. Mas e os locais de alto padrão?
Também foram Chitãozinho & Xororó os responsáveis pela aproximação com um público que já ouvia música sertaneja, mas não admitia: a elite.

CHITÃOZINHO: Nós começamos a ser convidados para participar de programas de televisão onde nunca sonhamos cantar, como *Cassino do Chacrinha* e *Globo de Ouro*. A Rede Globo, por ser no Rio de Janeiro, sempre mostrou bastante a cultura carioca, mas o sertanejo, como vinha lá da roça, demorou para chegar às grandes cidades, principalmente no Rio. Com tudo isso acontecendo, fomos convidados para fazer uma temporada no Palace, em São Paulo.

XORORÓ: Nessa casa só tocava Roberto Carlos, Julio Iglesias...

CHITÃOZINHO: O Tom Gomes levou a gente pra tocar lá, ele cuidava dos shows do Palace. Era empresário de uma rede de churrascarias na região do ABC (paulista), onde a gente tocava e esgotava antecipadamente os 3.800 lugares. O recorde de público do Palace era do David Copperfield. O dono da casa, Fernando Alterio, ficou meio preocupado porque nunca tinha tocado sertanejo, e lá era a elite de São Paulo. Ele ainda disse: "Isso não tá me cheirando bem".
A gente nunca tinha feito uma coletiva na vida, nem sabia o que era aquilo direito. O nosso show era quarta, quinta, sexta, sábado e domingo. Cinco shows em uma semana, com estreia na quarta. Era estreia nacional.

XORORÓ: Quando o Fernando Alterio viu a gente passando o som, ele falou:

"Isso é música sertaneja?". Nós estávamos passando por aquela fase que falamos de investimentos, a gente estava querendo experimentar. O show já era rodado, ensaiado, estava bala.

Chitãozinho: E nós levamos também um naipe de metais, porque o maestro João Carlos Martins ajudava a gente nos nossos arranjos.

Xororó: Ele estava preocupado mesmo, mas liberou os shows porque também era fã de música sertaneja.

Chitãozinho: No dia da estreia, quando fomos passar o som e fazer a coletiva, foi um susto. Nunca tinha visto tanto repórter na vida, tirando foto e tudo o mais. Entre a coletiva e a abertura dos portões, houve um acidente: um carro bateu no outro e deu ocorrência policial na frente da casa. E o que aconteceu? Os repórteres foram mostrar o local do acidente e acabaram mostrando o tumulto do público, com faixa de "ingressos esgotados".

Xororó: Tudo esgotado.

Michel Teló gravou três vezes com a dupla, uma delas ainda com o grupo Tradição.

O nome da dupla

Quando crianças, Durval de Lima e José de Lima Sobrinho decidiram que a dupla se chamaria "Irmãos Lima". O primeiro disco, no entanto, já saiu como "Chitãozinho & Xororó", nome que não agradava aos meninos.

Chitãozinho: Quando fomos gravar nosso primeiro disco, a gente era "Irmãos Lima". O Geraldo Meirelles, radialista, e o Athos Campos, um dos autores da música "Chitãozinho e Xororó", que era um sucesso sertanejo, deram a ideia de usar o nome da música na nossa dupla. Aí a gente pensou: "Nossa, que nome mais caipira!".

Éramos dois moleques que queriam cantar música sertaneja para outro tipo de público. Não queríamos cantar para quem gostava de música sertaneja, queríamos ultrapassar essa barreira. Por isso, achamos o nome caipira demais, nada a ver com o que a gente queria fazer. Mas não tinha como brigar com o nosso pai. Ele gostou na hora e palavra de pai é uma ordem.

Xororó: Nosso pai queria deixar a gente dentro de casa de camisa xadrez, e a gente tinha de usar lenço no pescoço. Não dava para cantar daquele jeito.

Os irmãos lançaram o primeiro disco em 1970, mas só foram estourar nove anos depois.

Chitãozinho: Aí nós aparecemos na mídia do Brasil. Pela ocorrência policial e também pelo sucesso. Fizemos shows quarta, quinta, sexta, sábado e mais duas sessões no domingo. Acabaram sendo seis shows.

Chitãozinho: Nós batemos o recorde do David Copperfield e ficamos um bom tempo sendo o recorde da casa. Se o desafio em uma tradicional casa de shows em São Paulo era grande, imagine no Rio...

Chitãozinho: O Canecão convidou a gente para um show lá. Só que aconteceu um episódio: teve um incêndio na casa e nossa estreia foi adiada. A gente achou que ia poder repensar a apresentação, ver se valia a pena mesmo arriscar, mas descobrimos que já tinha ingresso à venda. Nós estávamos com um medo, Nossa Senhora Aparecida! Afinal, no Canecão era só samba e bossa nova.
No dia do show, estávamos tremendo de medo, mas foi a coisa mais linda. Entramos e vimos aquela plateia lotada. Como ficou de fora uma multidão que não conseguiu ingresso, a casa colocou dois telões pra transmitir o show. Então, na verdade, não é que o carioca não gostava de sertanejo, é que ele não tinha acesso.

A dupla que abriu as porteiras do país é paranaense de Astorga, mas a maior parte da vida foi passada no estado de São Paulo. O pai, seu Mário, o "Marinho", tentou a vida como cantor e chegou a ser parceiro do João Mineiro. Foi ao Paraná atrás de trabalho, onde conheceu dona Araci.

Chitãozinho: Quando éramos pequenos, ele estava sempre em casa com mamãe. Ele tinha de cuidar da família, então deixou a dupla de lado. Nosso pai foi para o Paraná porque trabalhava com transporte de madeira. Lá ele conheceu nossa mãe, em Astorga. Ela era descendente de portugueses, e ele era paulista. No Paraná, ele arrumou outro parceiro, a dupla chamava Barreto & Marinho, mas, novamente, teve de deixar a dupla de lado para cuidar da família.

Quando percebeu que nós dois tínhamos o dom, ele transferiu toda aquela vontade dele para os filhos. Vivia levando a gente para cantar na casa do fulano, do compadre e não sei o quê. Ele tirava a gente do cinema, da matinê e levava para cantar: "Não, filho, vamos embora que tem de cantar na casa do fulano". A gente saía chorando, não queria. Criança queria era ficar no cinema.

Seu Mário foi o principal incentivador da carreira dos meninos, mas acompanhou por poucos anos o sucesso dos filhos. Faleceu em 1987, após uma pneumonia, meses antes de a dupla gravar o disco Meu disfarce. *A emoção da dupla, ao lembrar do pai, pode ser percebida na música "Fogão de lenha", uma das faixas do LP.*

CHITÃOZINHO: Gravamos "Fogão de lenha" numa passada só, porque a gente começou a chorar. Tínhamos perdido o nosso pai pouco tempo antes de entrar em estúdio.

XORORÓ: A segunda parte da música era assim: "Lembro do meu pai que ficou triste / e nunca mais cantou depois que eu saí". Perdemos nosso pai muito cedo, ele não tinha 52 anos de idade. Toda vez que a gente lançava um LP, ele ouvia a primeira vez e chorava o disco inteiro, era fã da gente. Gostava de me ver tocar violão, de fazer o arranjo das músicas. Quando fomos botar voz em "Fogão de lenha" e chegou a segunda parte, eu engasguei e não ia mais. Eu parei, fui para o canto do estúdio e chorei bastante. Depois falei pro Homero, que era o nosso produtor: "Vou cantar mais uma vez e do que jeito que ficar, vai ser, porque não consigo cantar essa música".
Até hoje, toda vez que eu canto essa música, fico olhando para a plateia tentando me distrair. Se presto muita atenção na letra, fico emocionado.

Uma pergunta era obrigatória em todos os episódios do "Bem Sertanejo": Quais foram suas influências musicais? Usaríamos as respostas para apresentar ao público duplas que não tiveram tanta mídia, mas que foram importantes. Com o passar dos episódios, três nomes foram repetidos à exaustão: Tonico & Tinoco, Tião Carreiro & Pardinho e Chitãozinho & Xororó.

XORORÓ: A gente costumava falar que, quando começamos a cantar, música sertaneja era proibida à luz do sol. Ouvíamos a Rádio Nacional que tocava sertanejo do final da tarde até às dez da noite. Como não tínhamos rádio em casa, ouvíamos na serraria. Tinha Tião Carreiro & Pardinho, Tonico & Tinoco, Liu & Léu. Mas a dupla que mais gostávamos era Jacó & Jacózinho por causa do timbre da voz. Eles cantavam todas as sextas-feiras à noite.

Entre o primeiro disco (Galopeira, *1970) e o primeiro sucesso ("60 dias apaixona-*

Em um churrasco, Chitãozinho prepara uma de suas especialidades: picanha com shoyu.

Rancho Fundo

Em 1989, pela primeira vez, uma dupla sertaneja emplacou em uma trilha de novela das oito. A canção se chamava "No rancho fundo", originalmente um samba, que havia sido gravada por Chitãozinho & Xororó.

Chitãozinho: A gravação da música "No rancho fundo" foi uma encomenda do Mariozinho Rocha, que antes de ser diretor musical das novelas na Globo era diretor da gravadora Polygram. Essa música é do Ary Barroso e do Lamartine Babo. Eles fizeram um projeto em homenagem ao Ary Barroso e nos pediram para cantar. Nós gravamos para o projeto do Ary Barroso e lançaram o LP. Quando o Mariozinho foi para a Globo, ele levou a música para a trilha da novela Tieta. Foi nosso primeiro tema de novela, que coisa linda que foi aquilo. Eu me lembro de que o casal da novela era o José Mayer e a Luiza Tomé. Eles apareciam numa praia linda e tocavam a nossa música. Aquilo para nós foi um... nossa senhora, o Brasil inteiro cantando a música.

Xororó: A gente sempre falou que quando uma música dá certo na trilha de uma novela da Globo é como se fosse uma trilha sonora de um filme de Hollywood. Essa música marcou tanto a gente que as pessoas pensavam que era uma música nova, nossa, inédita. Na época em que a gente regravou, a música já tinha uns, sei lá, quarenta, cinquenta anos.

A música "Fio de cabelo", de 1982, abriu as portas das rádios FM para a música sertaneja.

do", 1979), a dupla quase parou. Foi a única vez, em toda a carreira, que eles pensaram em desistir da música. Era 1975 e os projetos não andavam. Em meio a uma conversa sobre um provável fim da carreira, começou a tocar no rádio do carro "Tente outra vez", de Raul Seixas. A canção, praticamente uma autoajuda direcionada a quem pensa em desistir dos sonhos, convenceu os irmãos: eles tentariam mais uma vez.

Em 1979, a dupla lançou "60 dias apaixonado", que entraria para a lista de clássicos da música sertaneja. Foi a primeira vez que perceberam que a vida dava indícios de que iria mudar.

Chitãozinho: Em 1975, 1977, a gente ficava muito em São José do Rio Preto, em um hotel ali perto da rodoviária, e fazia shows no circo. Anunciava na televisão, fazia os programas locais e ia para os circos. Sobrevivíamos com essa renda. Aliás, muitos artistas viviam assim. Dali, a gente viajava para a região de Paranaíba, Três Lagoas, e lá o cara, quando ouvia o refrão de alguma música bacana, gritava: "Oh, 60 dias apaixonado!". Era um bordão, todo mundo falava isso. Um dia, nós estávamos conversando com o Constantino Mendes,

Com quarenta e cinco anos de carreira, Chitãozinho & Xororó é a principal dupla sertaneja do Brasil.

que trabalhava em um circo em que a gente tocava, e eu pedi pra ele: "Constantino, por que você não faz uma música com esse bordão?".
Quando voltamos pra falar com ele, ele já veio com uma letra e com uma melodia estranha. Aí nós falamos: "Oh, Constantino, nós vamos levar pra São Paulo, lá tem um tal de Darci Rossi que a gente conheceu, o cara escreve bem...". Ele respondeu: "Leva para ele e termina a música". Ah, o Darci.. Foi só gravar para virar um sucesso!

O sucesso de "60 dias apaixonado" foi o pontapé inicial para a consagração da dupla. O disco seguinte, Amante amada, *traria sucessos como "Amor a três", "Vida e saudade" e "Pais e filhos".*
A carreira de Chitãozinho & Xororó sempre passou distante de polêmicas. Havia uma invasão de privacidade aqui ou ali, mas tudo rapidamente contornado pelos cantores. Tudo muito bonito, perfeito... será?
Chitãozinho decidiu contar a história da raiva que sentiram do apresentador Flávio Cavalcanti, e da intenção de Xororó em tirar satisfações pessoalmente com um dos jurados do programa (Chitão convenceu o irmão a desistir da ideia).

CHITÃOZINHO: O Flávio Cavalcanti pegou o nosso LP, mostrou para a câmera e falou: "Isto aqui é uma droga, isto aqui tá estragando o som da música brasileira". E quebrou o disco. A gente ficou com uma raiva...

Após o acontecimento, a dupla voltaria, ironicamente, ao mesmo programa para receber uma homenagem por ter superado 1 milhão de cópias vendidas.

XORORÓ: A gravadora disse que gostaria de nos entregar uma homenagem pelo disco de diamante no programa do Flávio Cavalcanti. Aí nós arrepiamos: era o cara que tinha quebrado nosso disco. Eu fui meio contrariado, mas fomos.
Cantamos "Fio de cabelo", agradecemos e recebemos nosso prêmio. Como a gravadora tinha prometido, o Flávio Cavalcanti não disse nada demais pra gente... mas um jurado falou. Era o Alfredo Borba, que, quando éramos bem mais novos, havia dado nota cinco pra gente, a melhor nota, como calouros no Silvio Santos.
Ele desceu a boca na gente. "Onde já se viu uma dupla cantar desse jeito? Essa música está deturpando a música brasileira. Esse cara canta alto demais. Ele grita, não canta."
O Chitão foi tentar se defender, lembrar que ele tinha dado nota máxima pra gente, mas cortaram o microfone do Chitão. Saí bravo daquele palco, nervoso. Queria voltar lá para tirar satisfação. E eu andava armado naquela época, olha que perigo. Era meio bobo, jovem tem dessas coisas, né? Devido ao meu tamanho, eu achava que tinha de me proteger.

Para quem trabalha com sertanejo, dizer que os anos 1990 foram marcados pela aproximação das duplas com Collor, como parte da imprensa musical escreveu por muito tempo, tem uma boa dose de preconceito e maldade.

CHITÃOZINHO: Quando um artista se apresenta para um presidente, sempre tem quem diga que você está apoiando o fulano. Nós nunca assumimos posição. Quando tocamos para o Collor na casa da Dinda, as pessoas quiseram falar que nós tínhamos tomado partido.

Eu estava dormindo e vieram me avisar: "A dona Rosane Collor está no telefone e quer falar com você". Levei um susto: "Quem? A mulher do presidente?". Nunca soube que o Collor gostava de música sertaneja. Eu atendi, pedi desculpas porque demorei um pouquinho, fiquei até sem graça. Aí ela falou: "Chitão, eu estou te ligando porque vai ser aniversário do Fernando e ele mandou convidar vocês. Ele gosta muito de música sertaneja e de vocês". Aí eu falei: "Caramba, eu não sabia disso!". Agradeci o convite e falei que a gente ia pensar com o maior carinho, ia ver se já não tínhamos compromisso. Acabou que deu certo e nós fomos cantar lá. E foi lá que eu vi que tinha um monte de gente gravando, televisão, imprensa. Tinha um significado diferente do que imaginávamos.

A gente estava ali apenas para atender um pedido do presidente na época, assim como já participamos de um evento importante no Rio de Janeiro com a presidente Dilma, por exemplo.

Nome
Chitãozinho e Xororó

Local e data de nascimento
Ambos em Astorga (PR) - 05/05/1954 e 30/09/1957

Maiores sucessos
"Fio de cabelo", "60 dias apaixonado", "Evidências"

Daniel e Rick

compositores que marcaram o sertanejo

BRANDONI

"O Daniel venceu a perda do parceiro, fez novela, programa de TV, cinema, mostrou que é um artista completo"

Sou fã do Daniel desde a época da dupla com o João Paulo, sempre tive muitas músicas deles no meu repertório durante os bailes. Era impressionante o sincronismo das duas vozes, a potência que eles tinham. Musicalmente, a dupla era incontestável.

O Daniel é um dos cantores que mais entende de música sertaneja, além de ser o que o povo chama de *gentleman*, um lorde. É uma das figuras mais vitoriosas da música sertaneja. Venceu a perda do parceiro, fez novela, programa de TV, cinema, mostrou com os anos que é um artista completo, tudo feito sempre com muita sabedoria e serenidade.

O Rick também é um cara que me influenciou por intermédio das composições, e, claro, do Rick & Renner. Como nós queríamos falar sobre a importância do compositor, escolhemos o Rick para ser um representante dos compositores no programa, já que ele é um dos mais bem-sucedidos na área.

Daniel é uma figura conhecidíssima do público: cantor, jurado, ator. Mas atrás de um grande intérprete, é preciso um grande compositor. Rick é um dos artistas que mais emplacou canções na década de 1990 e no início dos anos 2000. Além de compositor, fez sucesso cantando em dupla, ao lado de Renner. A história deles exemplifica bem a importância dos compositores. As gravações aconteceram em Brotas, interior de São Paulo.

DANIEL: Eu nasci em Brotas, amo essa terra, não consigo me desvincular daqui. As pessoas me questionam se não seria mais fácil morar em São Paulo. Pra mim, não. Preciso da energia que esse lugar emana. É onde eu consigo recarregar minhas baterias, o meu porto seguro. Quero ter a possibilidade de que meus filhos sejam criados aqui. Tudo é muito imprevisível ainda, mas quero que eles tenham essa oportunidade que eu tive. Sair daqui, jamais. Pessoas que faziam parte da minha vida, da minha história, fazem parte até hoje do meu cotidiano.

O Brasil tem várias regiões que propagam a tal música de raiz, a música do campo. No meu ponto de vista, o que me deu esse contato foi a família. Minha família é muito raiz, da roça mesmo.

Daniel começou a cantar influenciado pelo pai, seu José Camillo, figura presente na carreira do filho até hoje.

O programa foi gravado no haras da família de Daniel em Brotas, interior de São Paulo.

Começou a cantar com João Paulo, oito anos mais velho que ele, em 1980.

Daniel: As pessoas passam pra frente a história de que o João Paulo era empregado do meu pai, mas é uma interpretação errada do que aconteceu. Como o João Paulo precisava trabalhar durante a semana pra ajudar em casa, não tinha como nós nos dedicarmos a nossa carreira, visitar as rádios, fazer divulgação, rodar as cidades. O jeito que meu pai encontrou de resolver a situação foi contratando o João Paulo. Na verdade, ele pagava pro João Paulo poder se dedicar só à música, mas ele nunca trabalhou pro meu pai.

A gente cantou muito tempo no circo, foi uma grande escola. Comecei a fazer preliminar pro Cezar & Paulinho, fazia a abertura do show deles. Na época, o nome da dupla ainda era José Neri & Daniel. A gente ouvia Tião Carreiro & Pardinho, Lourenço & Lourival, Zico & Zeca, Vieira & Vieirinha, toda essa turma.

Nós fomos muito felizes na nossa carreira. Sempre gravamos aquilo que gostávamos, e a aceitação do público era cada vez maior. Nosso primeiro sucesso foi a regravação de um samba, "Desejo de amar", da Eliana de Lima. Daí pra frente, a gente começou a ficar conhecido e aparecer em um mercado bastante disputado, que na época tinha toda aquela força dos "Amigos".

Em 1996, a dupla lançou o principal sucesso da carreira: "Estou apaixonado", versão de uma canção em espanhol que já havia feito sucesso no Brasil. No ano seguinte, João Paulo faleceu em um acidente de carro. Daniel admitiu que a ideia de parar de cantar durou muitos anos, e que só saiu de sua cabeça após o nascimento da primeira filha.

Daniel: O mais interessante é que você não calcula. Você está convivendo com a pessoa e não para pra pensar o quanto aquela pessoa vai fazer falta na sua vida. Foi um grande baque, até mesmo pela maneira como aconteceu. A única certeza que eu tive foi de que eu ia parar, porque ali tinha acabado tudo. Minhas dúvi-

das duraram muito tempo, quando eu já cantava sozinho, fazendo sucesso, mas às vezes eu pensava: "Pra que isso?". Ficava procurando um sentido, porque era pro João Paulo estar ali. Afinal, conquistamos o sucesso juntos. A chegada da minha primeira filha, a Lara, me fortaleceu. Não quero colocar essa responsabilidade nela, mas a Lara me renovou, trouxe uma força interior que eu não imaginava ter.

Só consegui visualizar o tamanho que nossa dupla teve, infelizmente, depois do acidente. Quando o João Paulo

Teló e Rick discutiram o quanto é importante o papel dos compositores na música sertaneja.

João Paulo e Daniel: até hoje, uma das maiores referências para os artistas sertanejos.

partiu é que a gente teve noção do que a dupla representava no mercado. Eu vejo João Paulo & Daniel na época como sendo uma dupla de grande ascensão, só que não conseguiu trilhar o que tinha pra trilhar. Acho que a gente não chegou até onde conseguiria ir. Ainda tinha muito mais a acrescentar pra música sertaneja.

Fomos uma grande referência na década de 1990. Sinto esse reflexo através de outros artistas que compõem música sertaneja e que citam sempre João Paulo & Daniel. Eu fico até imaginando... se o João Paulo estivesse aqui até hoje, como seria nossa história? A gente, por exemplo, praticamente não chegou a ir pro Norte nem pro Nordeste, fizemos pouquíssima coisa por lá. Não deu tempo. Tinha, mesmo, muita coisa pela frente ainda.

Após a perda de João Paulo, Daniel passou quase dois anos sem saber o que faria profissionalmente. Em 1998, começou uma carreira solo. Romântico, com canções sofisticadas, Daniel se tornou um dos cantores mais populares do país. Por mais desconfortável que seja a situação, ele concorda que a repercussão da morte de João Paulo, com a mobilização de todo o meio sertanejo, fez com que ele se tornasse uma figura mais conhecida ainda, e isso ajudou no crescimento de sua carreira.

Geraldo Antônio de Carvalho, o Rick, é de Monte do Carmo, no Tocantins. Ficou conhecido nacionalmente por conta da dupla Rick & Renner, mas sua contribuição para a música sertaneja é muito maior. Focado nas canções românticas, foi um dos principais nomes por trás de grandes artistas de sucesso dos anos 1990. São dele canções na carreira de João Paulo & Daniel como "Página de amigos", "Só dá você na minha vida" e "Hoje eu sei".

Rick: Sou um cara da música romântica desde sempre. Tem gente que questiona eu ter mudado de estilo. Mas cantar em dupla é muito diferente. Você tem a primeira voz dividindo com a segunda, chama atenção de forma diferente. A partir do momento em que você está sozinho, é só você e o microfone, acaba parecendo mais romântico.

Sempre sonhei com a possibilidade de fazer o que eu gosto, e o que realmente me sinto bem fazendo é cantar. Não imaginava que fosse chegar aonde cheguei, e muitas vezes a gente não tem noção do que conquistou porque os sonhos e as vontades continuam. A vida nos ensina a cada dia, e eu quero construir muita coisa ainda.

O meu grande sonho é deixar justamente um legado de coisas importantes para outras pessoas. Ser, de alguma forma, referência pra alguém. Como João Paulo & Daniel foram referência no passado.

Daniel: Além de ter sido fundamental pra minha carreira, o Rick é uma figura muito presente na minha vida. Ele é um dos grandes compositores da nossa música, escreve como ninguém.

Rick: Comecei a ouvir música sertaneja ainda garoto. Sou do Tocantins, mas quando eu nasci ainda era tudo Goiás, então a música sertaneja era que mandava. A gente ouvia Tonico & Tinoco, Gino & Geno, Belmonte & Amaraí, Liu & Léu, toda essa turma das antigas. Eu nasci na roça, literalmente. Não teve essa coisa de hospital, eu nasci com uma parteira mesmo. Eu tenho a raiz na alma, o caipira tá no meu sangue. Muito do que escrevo, só estou contando minha realidade de caipira. Comecei a fazer música romântica por necessidade de entrar no mercado, pra tocar em rádio. Fiz minha primeira música com uns quatorze, quinze anos. Já sentia vontade de escrever alguma coisa dentro da praia romântica pra poder fazer parte desse mundo de música sertaneja, dos artistas que tocavam no rádio e faziam sucesso.

Eu nunca tiro um dia pra escrever raiz e outro dia pra escrever romântico, tudo faz parte de uma coisa só. As músicas pintam naturalmente, eu não escolho momento, horário. Sou um compositor e transformo as inspirações, as ideias, em música. Tem horas que vem um caso de amor, outras vezes uma história do campo, essas coisas...

As pessoas tratam o tema do amor como querem. Podem chamar a música disso ou daquilo, música brega, dor de cotovelo... A verdade é que não existe forma de escrever sobre amor sem falar do amor que não deu certo. Nem todo amor dá certo. Aliás, o que mais existe é o amor que não dá certo. E se você for falar disso, como não vai falar da tristeza, da angústia, da paixão? Como você não vai falar do cara que vai pro boteco e toma umas pensando na mulher? Eu escrevo a realidade do povo.

O brasileiro é um povo que sofre pra caramba, um povo apaixonado além do limite. Então, não tem como você falar somente do amor que deu certo.

"Estou apaixonado" é o maior sucesso da carreira de Daniel, ainda da época da dupla com João Paulo.

Além dos dois convidados, fomos conversar com outras duas figuras marcantes da música sertaneja. Um deles foi César Augusto, compositor e produtor, um dos nomes mais influentes nesse meio, principalmente pelo fato de seu trabalho ter pautado os anos 1990.

César Augusto: Acabei de completar 942 músicas gravadas. Estou torcendo pra chegar na milésima pra fazer igual ao Romário. Quem sabe Deus me abençoe e eu consigo ter vida e saúde pra completar minha milésima música e fazer uma festa comemorativa.
Eu fiz, entre tantos sucessos, "Desculpe, mas eu vou chorar", "Não olhe assim", "Nem dormindo eu consigo te esquecer", "Minha estrela perdida", "Pare", "Preciso ser amado" e "Pareço um menino". É uma lista tão grande que às vezes eu esqueço. O meu primeiro sucesso foi na voz do Gilliard, uma música que eu compus com a Martinha, "Pouco a pouco".
Como produtor, vendi mais de 100 milhões de discos, com Leandro & Leonardo, Zezé Di Camargo & Luciano, Bruno & Marrone, Chitãozinho & Xororó, Chrystian & Ralf, Gian & Giovani.
Sempre fui uma pessoa muito romântica. Choro fácil, me emociono vendo reportagens ou ouvindo histórias tristes. Nas minhas letras, eu sempre escrevi aquilo que, de fato, sentia. É a minha verdade, a minha essência. Tudo aquilo que eu digo nas letras são coisas que assisti, ouvi ou soube de alguém. E eu transferi pras minhas letras. As coisas foram dando certo porque sempre procurei dizer coisas simples de uma forma diferente. Acho que isso foi o que valorizou bastante as minhas composições.

Dono de centenas de hits, César Augusto era procurado frequentemente por artistas que buscavam canções para gravar. Por mais que, em certas ocasiões, ele compusesse já pensando em um determinado cantor, César admite que nem toda música tem endereço certo.

César Augusto: Existem músicas que, logo que você termina de fazer, já imagina alguém cantando. Por exemplo, "Pare", eu tinha certeza absoluta de que ela seria sucesso e que ficaria muito legal na voz do Zezé Di Camargo & Luciano. Então existem músicas que dizem pra você: "Ó, meu intérprete é esse", mas às vezes a gente erra. No caso do "Nem dormindo eu consigo te esquecer", ela foi

Fiel a Nossa Senhora Aparecida, Daniel sempre presenteia os amigos com uma imagem da santa.

dada pro Zezé Di Camargo, ele gravou, e não foi sucesso. Estourou com Gian & Giovani. "Minha estrela perdida" era para o Zezé Di Camargo & Luciano, mas estourou com o João Paulo e Daniel. "Pareço um menino", que foi sucesso com o Fábio Jr., foi feita pro Zezé & Luciano, mas o próprio Zezé achou que a música era a cara do Fábio Jr. e passou pra ele.

Um dos meus maiores sucessos, "Desculpe, mas eu vou chorar" foi uma música feita para o Fábio Jr. Eu mostrei pra um dos irmãos dele, que me disse: "O Fábio não vai gravar essa música porque fala de cerveja e ele não gosta de abordar esse tema". Encontrei com o Leonardo e mostrei a música, dizendo que havia feito para o Fábio Jr. Quando ele ouviu, disse na mesma hora: "Fábio Jr. é o caramba, essa música é minha, eu vou gravar". E realmente foi um grande sucesso com Leandro & Leonardo. Depois de muitos anos, tive a felicidade de produzir o Fábio cantando a música "Desculpe, mas eu vou chorar", que ele gravou também.

Moacyr Franco, em meio a um currículo imenso como artista, tem algumas páginas de sua vida guardadas para a música sertaneja.

Moacyr Franco: Para mim, o Tião Carreiro tem a mesma importância do Tom Jobim. A música dele não tem influência de nada, é muito pessoal. O Tião precisa ser respeitado.

A moda de viola é uma coisa que só existe no Brasil. Eu tenho uma gravação feita com uns vinte violinos: "Num bar de Ribeirão Preto...". O maestro ficou dois meses pra gravar porque é intuitiva e não tem métrica. Aquilo ali não é nada. Nem um dois por quatro, três por cinco, oito por dezenove. É um troço de doido! Quando eu gravei, por exemplo, "Milagre da flecha" eu levei um cacete do Maurício Kubrusly, numa revista que ele escrevia, quando me chamou de brega. Eu acho que ele fez de mau gosto e mostrou que era inculto porque esse tipo de letra, esse tipo de tragédia, é própria da moda sertaneja. É o cachorro que salva a família, é o boi que deu a chifrada no menino. O cara que matou a mulher porque ela traiu. Tudo é tragédia. Vale na Itália, vale no Tennessee, vale em Shakespeare, mas não vale pra nós?

Sobre João Mineiro & Marciano, um dia encontrei a dupla num circo, eu nem sabia quem eram, e eles me pediram uma música. Imaginei que fossem pedir uma das antigas como "Esse meu coração sem juízo" ou "Me dá um dinheiro aí". Mas eles queriam "Seu amor ainda é tudo". Eu deixei, até porque eu autorizava qualquer coisa. Era uma noite muito triste. Chovia muito. Era um domingo perto da meia-noite, tudo escuro, eu não passava por um momento bom na minha carreira. Fiquei sozinho naquele picadeiro pensando na minha vida. Dois meses depois, descubro que a música estava arrebentando em Goiás e no Mato Grosso. Foram vendidos 2 milhões e meio de discos dessa música. Ela tem toda uma história. Eu tinha um irmão que tinha separado da mulher e estava dormindo no sofá da sala da minha casa. Um dia, fiquei com dó do meu irmão e escrevi essa música imaginando um ponto de ônibus, chovendo, o cara chega e encontra a mulher: "Como você vai?" "E você?". "Ah, eu ainda faço poesia, declamo o seu nome, faço versos, não te esqueço. Até meus dedos de vez em quando me traem e eu te telefono. Desculpa." Virou o maior sucesso e foi inspirado no sofrimento do meu irmão.

Outro sucesso do João Mineiro & Marciano foi diferente, sem uma inspiração – tecnicamente falando. Eu estava no estúdio com um violão pequenininho, esperando o maestro Otávio Basso fazer um arranjo, e ele falou: "Faz uma guarânia pros meus sobrinhos de Rio Claro".

Eu tinha um amigo, Marcos César, que escrevia monólogos pro Chico Anysio. Ele sempre me dizia: quando for escrever uma música, faz história de carta,

bilhete, que não tem erro. Aí eu comecei: "Você me pede na carta que eu desapareça, que eu nunca mais te procure, pra sempre te esqueça". Caiu na minha cabeça aquele refrão, aquela melodia que é espetacular.
Um dia, recentemente, meu filho de vinte anos, roqueiro, me telefonou de madrugada. Numa cidade grande, é uma loucura quando o filho liga de madrugada, só pode ser coisa ruim. Era umas três horas da manhã e ele falou: "Pai, eu estou numa festa em Ribeirão Preto, tem mais de 2 mil meninos e olha o que eles estão cantando!". Aí ele bota aquela música tocando, estava no refrão: "Ainda ontem...". Fiquei muito emocionado. Não porque a música está fazendo sucesso, mas porque é a minha vida que prossegue. Toda vez que a gente compõe uma obra, espera que ela leve aquele recado adiante.

Além de ter sido responsável pelos dois maiores sucessos de João Mineiro & Marciano, Moacyr Franco gravou com duplas que ainda estavam em ascensão, como João Paulo & Daniel e Bruno & Marrone.

Moacyr Franco: O João Paulo e o Daniel foram uns amores comigo. Gravaram uma música de um disco meu chamada "Dia de visita", que dizia: "Minha vida nessa cela é olhar pela janela e esperar". Era uma história linda e trágica, algo que é bem da tradição do sertanejo. Já o Bruno e o Marrone gravaram "Goiás é mais", que diz: "Quando eu quero mais, eu vou pra Goiás". Eu estava sendo entrevistado num programa jornalístico em Goiânia, pois eu tinha ido morar na cidade. O jornalista começou a me perguntar sobre a minha ligação com Goiânia, minha raiz, e eu falei: "Sou praticamente goiano porque eu nasci no Triângulo Mineiro. É a mesma comida, a mesma água, a mesma fruta".
Ele me perguntou de qual dupla eu gostava mais, e eu falei: "Gosto muito de Bruno & Marrone, gostaria de dar uma música pra eles". Quando eu cheguei em casa, menos de meia hora depois, o Júnior, empresário da dupla, estava me esperando com o Bruno. O Bruno com um canivete pendurado, bem jeca mesmo. Aí eu falei: "Tenho uma música que é uma homenagem pra Goiás, vê se vocês gostam". Ele gamou na hora. Virou um grande sucesso.

Poético na maior parte de suas respostas, e emocionado ao lembrar determinadas histórias, Moacyr nos deu mais uma bela declaração quando perguntado sobre seu método de compor.

Moacyr Franco: Não há nada mais próximo, que corre tão junto, como humor e lágrima. A pessoa que sabe fazer humor, sabe compor um verso. Por quê? Porque a tática do humor é o contraste. O alto e o baixo, o escuro e o claro, o triste e o alegre. E tem de ter desfecho. Quando você escreve um programa, não

basta ter um desfecho. Cada cena tem de ter em si um final. Quando eu vou fazer música, é como se fizesse um esquete ou vários esquetes para um programa de humor. Isso não é bem uma técnica, mas é um costume que uso e dá muito certo.
Prefiro compor na estrada, sozinho comigo mesmo. Viajei muito sozinho, dirigindo milhares de quilômetros. Aí vem muita coisa na cabeça porque não tem interferência, é só o barulho do motor e a solidão. Quanto mais você está longe do seu drama, melhor. Você enxerga melhor, as coisas vão ficando bonitas. A briga com seu pai fica bonita, a briga que você tem com seu irmão... Eu estou falando de briga, mas pode ser qualquer questão da casa. Com a distância, ela fica poética, e aí eu componho melhor.

Daniel: O compositor tem papel fundamental nessa história toda, ele é o coração de tudo. A gente tem a honra de levar, de conduzir, de ser o mensageiro do que eles escrevem.

Nome
Daniel
Local e data de nascimento
Brotas (SP) - 09/09/1968
Maiores sucessos
"Estou apaixonado", "Eu me amarrei", "Adoro amar você"

Nome
Rick
Local e data de nascimento
Monte do Carmo (TO) - 05/12/1966
Maiores sucessos
"Página de amigos", "Só dá você na minha vida", "Bebo pra carai"

Paula Fernandes e Roberta

Miranda

as mulheres na música sertaneja

“É muito difícil uma mulher fazer sucesso nesse meio, sempre foi, e continua sendo”

A Paula Fernandes é realmente um ícone na música sertaneja. É muito difícil uma mulher fazer sucesso nesse meio, sempre foi, e continua sendo. A primeira vez que eu ouvi a Paula foi em "Jeito de mato", que ela gravou com o Almir Sater. Era um vozeirão marcante, uma letra bonita. A Paula tem um jeito de compor único, um timbre que é só dela, uma identidade muito marcante. Gravamos juntos a música "Se tudo fosse fácil", no meu DVD Sunset e foi um sucesso.

A Roberta Miranda dispensa comentários, é um dos maiores nomes da música sertaneja, com uma história que poucos artistas conseguiram construir. Muitas músicas que eu ouvia e gostava quando novo, com Matogrosso & Mathias ou Chrystian & Ralf, por exemplo, eram composições dela. Ela quebrou muitas barreiras porque nos anos 1980 o preconceito contra as mulheres era bem maior. Mesmo assim, a Roberta deixou de ser só compositora e conseguiu emplacar também como cantora, que era o sonho dela.

São tantas as mulheres interessantes na história da nossa música, que entrevistar apenas uma cantora seria quase uma injustiça.

Decidimos gravar com Paula Fernandes e Roberta Miranda. Elas já haviam cantado juntas, gravado juntas, participado de programas juntas, então a ideia foi entrevistá-las separadamente. Cada uma contaria sua história e, em meio ao bate-papo com elas, falaríamos de outras figuras importantes do universo feminino da música sertaneja.

Para conversar com a Paula em um local no qual ela se sentiria mais à vontade fomos até Sete Lagoas, sua cidade natal, em Minas Gerais, e gravamos em um hotel fazenda. A gravação começou logo após o almoço e durou até o início da noite, na frente de uma fogueira, ao som de canções que fizeram parte de sua vida.

PAULA FERNANDES: É uma grande responsabilidade ser uma representante da mulher no meio sertanejo, que é dominado por homens desde que o mundo é mundo. Surgiram muitas artistas nesse tempo, mas eu sinto que o Brasil estava carente de uma personalidade feminina. O fato de eu ser compositora, escrever minhas canções, faz diferença. Eu sou de origem simples, vim do interior, então isso fez com que as pessoas se identificassem com essa menina-mulher que canta para mulheres, homens, crianças, para todo mundo.

Paula Fernandes cuida da própria imagem, incluindo cabelo e maquiagem.

Eu era uma criança tímida e acho que sou até hoje. Muitas vezes falam "ah, ela é antipática", mas não é nada disso. Quando estou no palco ou diante da câmera, é como se eu incorporasse um personagem. Sou muito quieta também, silenciosa. Minha filosofia é: na ausência do que dizer, melhor não dizer nada.

Comecei nova, mas com muita vontade de mostrar o que eu havia ensaiado. Passava o dia inteiro com o violão na mão. Minha mãe tinha uma mercearia e eu ficava em cima da mesa de sinuca tocando. Tinha também um degrau na frente da mercearia em que eu fazia show pros meus amiguinhos da rua. Fui aprendendo...

Eu me mudei muitas vezes. Nasci em Sete Lagoas, mas no início da minha vida fomos para próximo da Serra do Cipó. Morava em uma casa pequena de pau a pique, que hoje nem existe mais. Ali eu convivi com a natureza. Fui criada com um irmão, minha mãe, meu pai e meus avós. Tomava banho no córrego, subia no último galho da árvore, sujava o braço todo de tanto chupar manga. Os cavalos, as cobras, tudo passando na frente de casa.

O meu pai sempre gostou de moda de viola, aquela rancheira mesmo. Ainda criança, a gente ouvia no radinho de pilha Zico & Zeca, Tião Carreiro, Chico Rey & Paraná. Houve um tempo em que eu aprendi e cantava canções do Chrystian & Ralf, Chitãozinho & Xororó, mas guardo lembranças dos artistas mais antigos, porque suas canções tinham histórias. Eu achava interessante uma música de dez minutos que contava uma história incrível. Como é que pode uma criança se emocionar desse jeito? Ficar arrepiada? Com oito anos, que sensibilidade era essa com uma melodia?

Ganhei meu primeiro violão nessa época. Era um violão todo estourado que ficava no quintal da tia Neuza, e eu pus na cabeça que queria tocar. De cara eu já pedi para colocar as cordas viradas para tocar como canhota. Como é que pode, sem ter contato com o instrumento, você ter essa percepção? Tinha uma vizinha que dizia que dava aula de violão e lá fui eu. Na primeira aula

Começou a cantar aos nove anos e, com dez, gravou o primeiro disco.

aprendi uma canção e cheguei em casa tocando. Minha mãe olhava e eu tocava tudo certinho! E eu já era bem afinadinha.

Paula começou a carreira cedo. Seu primeiro LP foi gravado aos dez anos de idade. Só para se ter uma ideia do tamanho da estrada, ela se tornou estrela nacional aos 26. Contou com o apoio irrestrito da família que, mesmo sem condições financeiras favoráveis, se virava para realizar o sonho da filha.

Paula Fernandes: O primeiro vinil eu gravei com dez anos em São Paulo. Foi uma aventura: pega dinheiro

AND
STYLE

"Trabalhei no rodeio dos nove aos dezoito anos, então parei de tocar. Afinal, eu não tinha conseguido realizar o meu sonho"

Michel Teló e Paula Fernandes se encontraram em um hotel fazenda perto de Sete Lagoas, cidade natal da cantora.

emprestado dali, vende não sei o que daqui... A gente vendia banana. Eu trabalhava na feira com oito anos de idade. Falavam que era trabalho infantil, mas eu era a que mais vendia lá em casa. Minha mãe me deixava na barraca e íamos tirando o sustento. Quanto eu comecei a cantar mesmo, nós já tínhamos a mercearia. Então a gente produzia o que comia, e na mercearia teoricamente conseguia algum dinheirinho. Era uma vida bastante simples.

Nós pegamos um dinheiro emprestado e conseguimos investimento com os prefeitos de Funilândia e de Prudente de Morais. Gravamos o disco em dois dias, era o que dava. Eu lembro que gravei as dezesseis músicas em dois dias, e os músicos todos adultos vibraram com aquela menininha.

Na época eu morava em Sete Lagoas, e minha mãe e meu pai revezavam para me levar pra rádio. Teve muita rádio que dizia que ia colocar o disco no ar e não colocava. Eu ficava aporrinhando: "Toca, toca a minha música". A família toda me apoiava. A gente deu muito disco. Pra ajudar no orçamento, a minha mãe vendia uma camiseta que ela fazia com o meu rosto. Às vezes, dava junto, disco e camiseta. Não tínhamos consciência de que seria tão difícil. Estava escuro ainda e eu saía com minha mãe ou meu pai para visitar algumas cidades com o disco na mão. Me lembro muitas vezes de ir pra Formiga, Arcos, com meu primeiro disco vinil debaixo do braço. E nessas aventuras não tinha o que comer direito, não tinha hotel, mas saía de casa com aquela ilusão de conquistar o mundo. Mas sabe que eu gosto disso? Valeu a pena demais.

Mesmo com dificuldades, após o primeiro LP, aos dez anos, Paula deu sequência ao sonho. Aos nove, passou a fazer apresentações em rodeios, primeiro em companhias de rodeio, em apresentações nas arenas com cavalos, e mais tarde como cantora, solando a "Ave Maria" antes do início das competições.

Sua vivência no universo dos rodeios durou dos nove aos

Paula Fernandes lutou e conseguiu superar o machismo existente na música sertaneja.

dezoito anos. Ali deixou de ser criança e se tornou adolescente, em um meio no qual muitas vezes era a única mulher.

Paula Fernandes: Foi uma época boa, da qual tenho muitas lembranças e em que sempre fui bem tratada. Acho que o que dá limite em meio a tantos homens é a conduta da pessoa, e eu sempre tive uma conduta muito séria. Eu impunha respeito, e os homens estavam ali para me cuidar, para me proteger. Era aquela fase de virar mocinha aos quinze, dezesseis anos. Às vezes, as pessoas têm uma imagem muito errada sobre os peões. Eles são homens simples, respeitosos. A minha postura já era muito firme e eu era quase um menino entre eles, e isso é até hoje. Antes de começar a viajar mais de avião, depois de fazer sucesso, eu viajava de ônibus com uma equipe de trinta homens, e eles cuidavam de mim.

Apesar da experiência e do crescimento pessoal, como ela própria diz, a carreira não decolou. Perto de completar dezoito anos, surgiram problemas de saúde que a afastaram dos palcos.

Paula Fernandes: Eu trabalhei no rodeio dos nove aos dezessete, dezoito anos,

Inezita e a música caipira

Inez Magdalena Aranha de Lima era paulistana, nascida em 1925. Dona de uma voz potente e de uma coragem admirável, já na década de 1940, a jovem bem nascida, estudante de biblioteconomia na USP, dividia seu tempo entre os estudos
e a música.

Sua aproximação com a classe artística da capital se deu após seu casamento, em 1947, pois seu cunhado Maurício Barroso era ator do TBC (Teatro Brasileiro de Comédia).

Estrela de filmes, ela chegou a apresentar programas na televisão, e chamava atenção por seu talento como cantora. Em 1953, lançou seu maior sucesso, "Moda da pinga", eternizada como "Marvada pinga". Seu foco até então não era a música caipira, não havia ainda uma segmentação na carreira.

Durante a ascensão da Jovem Guarda, na década seguinte, Inezita perdeu espaço, e passou a se aproximar cada vez mais das culturas regionais, entre elas a música caipira.

Apostando nas canções nascidas no campo, Inezita passou a ganhar espaço e reconhecimento pelo trabalho que fazia, como artista e como pesquisadora folclorista.

Assumiu o *Viola, Minha Viola* no início da década de 1980, programa que apresentou até sua morte, em março de 2015.

e então eu parei de tocar. Estava cansada, acho que diante de tantos nãos, de tanta dificuldade, comecei a entrar num processo de crise interna. De pensar no que eu queria pra vida. Afinal de contas, eu não tinha conseguido realizar o meu sonho.

Quimicamente eu fiquei desestruturada, adoeci. Tive depressão e precisei tomar remédio de tarja preta. Nessa época, eu fui morar em Contagem, com uma mão na frente e outra atrás. Tive até crise de pânico. Eu só queria ficar em casa, tremia muito. Minha mãe tentava bancar o sustento em casa e pagar meu tratamento. Eu não tinha como trabalhar, precisava cuidar da doença. Foi um momento complicado que durou quase dois anos, mas talvez tenha sido o começo da minha vida, um divisor de águas.

Cheguei a fazer curso de secretariado, de recursos humanos, e achava que conseguiria algum emprego. Mas no dia que chegou a primeira proposta de emprego, eu senti um mal-estar. Por mais que eu precisasse do dinheiro, alguma coisa me impediu de me tornar secretária. Sem desmerecer a profissão, mas não era isso que eu queria.

Voltei aos poucos e comecei a tocar nos bares de Belo Horizonte e região. Cantava em shoppings, restaurantes, pequenas casas de show, fazia de tudo. Trabalhava de terça a domingo, a 40 reais. Naquela época eu também entrei na faculdade de geografia. Queria ter um curso, mas não terminei. Mais tarde eu fiz outra faculdade e me formei em marketing. O pessoal tinha mania de perguntar: "O que você faz da vida?", e não adianta você falar que é músico, porque aí te perguntam qual sua profissão de verdade. Então eu me formei em marketing. Eu não estava totalmente curada, mas comecei a retomar as forças. O amor da família, o tratamento e a música foram essenciais.

Após se recuperar e voltar a acreditar na carreira como cantora, Paula viu um novo caminho se abrir, com direção a um mundo no qual ainda não estava familiari-

Michel Teló e Paula Fernandes gravaram juntos recentemente "Se tudo fosse fácil".

zada. As trilhas de novela deram início a uma trajetória que a levaria ao topo em poucos anos.

PAULA FERNANDES: Um grande amigo meu, o Fernando Fosco, levou meu trabalho pra Rede Globo e eu me apresentei no programa "Brasil das Gerais" que falava justamente da mulher, da música sertaneja, da cultura country. O Márcio Monteiro, hoje meu diretor musical e parceiro de estrada, estava lá também, acompanhando outra cantora. Passou mais ou menos uma semana e o Marcus Viana (violinista, autor de diversas trilhas de novelas da Globo) me ligou. Ele havia assistido ao programa: "Menina, eu não te conheço, você não me conhece, mas eu preciso te ajudar". Foi isso o que eu ouvi. Fui até o estúdio dele, e ele se surpreendeu ao saber que eu era compositora. Cheguei cantando "Meu eu em você", e ele achou que eu fosse cantar algum cover. Nessa mesma época, a novela *América* (2005) estava na fase de construção da trilha sonora, e o Marcus me convidou para participar. Gravei "Ave Maria" para a novela, e foi onde tudo começou. Sinto orgulho por ter doze novelas no meu currículo. Costumo dizer que foram doses homeopáticas de mim todos os dias nos lares das pessoas.

Participar de trilhas de novela deu uma injeção de ânimo para a jovem de vinte anos, cuja carreira ganharia um novo gás após uma de suas canções sair da telinha e virar sucesso nas rádios.

PAULA FERNANDES: A novela *Paraíso* foi um divisor de águas. Eu gravei "Jeito de mato", uma canção minha e do Maurício Santini que eu cantei ao lado do Almir Sater. Era tema da Santinha e do Zeca.
Essa música tem uma história muito interessante. Eu fiz um relato da minha vida pro Maurício e ele ficou tão envolvido com o que eu tinha contado que fez a poesia "Jeito de mato" e me mandou. Eu lembro que eu estava saindo pra fazer compras com a minha mãe, mas falei: "Ô, mãe, eu vou ficar em casa porque eu tenho uma

coisa... eu tenho uma missão. Tenho uma coisa muito importante pra fazer". Levei quinze minutos para fazer "Jeito de mato". Com essa música, todo mundo sabia que tinha uma voz diferente tocando na novela, mas ninguém conhecia o meu rosto, ninguém sabia quem eu era.

Com a canção indo bem nas rádios em diversas regiões do país, a carreira começava a tomar novos contornos. No entanto, ainda havia necessidade de que as pessoas conhecessem a dona daquela voz. O que ninguém esperava é que, no meio do caminho, haveria um rei.

PAULA FERNANDES: A gente vai trilhando caminhos para que as coisas realmente aconteçam na hora certa. Eu achava que a hora de Deus é uma hora diferente da nossa hora. Então eu recebi o convite para participar do "Emoções Sertanejas", especial do Roberto Carlos de cinquenta anos. Cantei ao lado do querido Dominguinhos. Depois disso, o Roberto me convidou para cantar na praia de Copacabana no dia 25 de dezembro. E eu pude viver um momento surreal da minha vida pessoal e da minha carreira. Porque estar ao lado do rei Roberto Carlos não tem preço.
Ter o respeito dele, o aval dele... Ele jamais assinaria embaixo de um trabalho que não tivesse conteúdo. Naquele universo de estrelas, eu tive a oportunidade de ser escolhida para estar ali com ele. Minha vida mudou ali, né? Nunca mais eu fui a mesma pessoa.
Especulavam que eu estava namorando o Roberto Carlos, viviam me perguntando. Costumo até brincar com isso porque tem gente que insiste nisso até hoje. As pessoas têm carência de um conto de fadas. Aquilo foi um encontro de arte, independente do sexo, nós éramos arte naquele momento. Fico até um pouco triste com essa especulação toda porque, de certa forma, impediu que eu desenvolvesse uma amizade com ele. É uma pena.

Havíamos falado da mulher vitoriosa, guerreira, que superou longos quinze anos de dificuldades. Mas Paula Fernandes sempre chamou atenção, também, pela beleza, pelo encanto que produz nos homens e por suas roupas, que por diversas vezes causaram polêmica. O assunto, claro, não poderia ficar de fora.

PAULA FERNANDES: Sou uma pessoa feliz. Todo mundo tem os seus defeitos, eu tenho os meus, mas sou como toda mulher, vaidosa, gosto de me cuidar. Como tenho um ritmo alucinante de carreira, não fumo, não bebo e pratico esporte. A gente não pode ter vergonha de se sentir bem, de ser feliz. De gostar de usar determinado tipo de roupa, mesmo que as pessoas comentem ser apertada demais na cintura. Se usasse maior, iam dizer que eu estou gordinha. Faz parte. Quem

Cascatinha & Inhana

Se as duplas sertanejas tinham grande dificuldade de se projetar nacionalmente, qual seria a chance de um "duo", parceria entre um homem e uma mulher, dar certo?

Cascatinha & Inhana, marido e mulher, marcaram os anos 1950 nas rádios e nos circos. O casal se conheceu quando o circo no qual Cascatinha se apresentava passou por Araras (SP), cidade natal de Inhana, no início dos anos 1940.

O fato de formarem uma dupla mista é o que mais chama atenção para o público em geral, mas o duo foi importante também por uma questão musical: com "Índia" e "Meu primeiro amor", ambas de 1952, Cascatinha & Inhana inseriram de vez a música paraguaia na música sertaneja. As duas canções são guarânias paraguaias, que ganharam versões em português pelas mãos de José Fortuna.

É da dupla, também, outro clássico sertanejo: "Colcha de retalhos", de 1959.

Foram quarenta anos de casamento e de carreira, encerrados pelo falecimento de Inhana, em 1981.

tem vida pública, infelizmente passa por esses percalços. O mais importante pra mim é ter uma identidade, uma personalidade. Desde que me entendo por gente tenho esse meu jeito.
Aliás, tenho um ritual antes do show. Chego duas horas antes no camarim. Não tenho maquiador e nem cabeleireiro, eu mesmo faço tudo. É a hora que eu me cuido, que eu estou na frente do espelho, relaxando. Eu faço uma pintura todos os dias, sabe? Porque eu acho que o fã merece, ele espera isso de mim. Eu quero estar sempre bela pra eles. Aí recebo os fãs, seguindo sempre um ritual.

Por falar no encanto que ela causa nos homens...

Paula Fernandes: Acontece de aparecer algum fã mais exaltado, que às vezes falta com o respeito, mas é pouco. Eu mesma já taquei a mão em um, peguei no ombro, falei "agora você vai me dar licença", e eu mesma o coloquei pra fora do camarim. Não fui agressiva, mas tudo tem limite. Eu nunca contei isso em lugar nenhum, mas eu uso um casaco para evitar essas coisas. Há milhões de intenções. Nunca se sabe quem vai entrar. Tem gente que se ajoelha e eu fico totalmente constrangida, e tem gente que chega com uma palavra de carinho. Outros são mais exaltados. Mas o importante é que eu estou lá sempre aberta para receber a todos igualmente.

Paula foi uma das entrevistadas que mais nos ajudou. Como queríamos fazer um panorama das mulheres na música sertaneja, era fundamental que ela falasse amplamente sobre o assunto. Ela topou falar da carreira de um dos nossos nomes mais importantes: Roberta Miranda.

Paula Fernandes: Eu sempre fui muito eclética, ouvia de tudo, nunca tive preconceito com nenhum tipo de música. Da música sertaneja, ouvia todas as mulheres: Nalva Aguiar, Inezita Barroso, As Galvão, Cascatinha &

Primeira mulher a se destacar na música sertaneja, nos anos 1950 Inhana inspirou toda uma geração de cantoras, como Paula e Roberta.

Roberta Miranda se destacou inicialmente como compositora. Seu primeiro sucesso foi "São tantas coisas".

Inhana (que fazia dupla com Cascatinha), As Marcianas, Mineirinhas e, claro, Roberta Miranda. A Roberta sempre foi um espelho pra mim. Já gravamos juntas e é uma felicidade ter esse contato com ela. Quando era novinha, cantei muito "Sol da minha vida / como é que eu pude te perder". Adorava. Ela tem voz possante, contralto como eu. Fez e faz muito sucesso. Naquele momento em que ela surgiu, a Roberta atingiu um grande público em um cenário masculino. Foi um grande exemplo de que eu também podia conquistar esse lugar ao sol.

Roberta Miranda: Eu digo que engoli muita poeira para ladrilhar hoje o caminho para essas artistas novas do mundo sertanejo passarem. Lutei demais, mas ainda faltam mulheres no mundo sertanejo. Depois de 25 anos, hoje temos a Paula Fernandes, mas eu torço para que venham mais.

Foi muito difícil, mas até hoje não tem fórmula. Foi 90% de transpiração e 10% de inspiração que Deus nos dá. A vida de qualquer profissional tem de ter muita dedicação e paixão, pois quando você faz com paixão, tudo é bem-feito. É o que faz você passar por obstáculos. Meu pai e minha mãe me incentivaram, mas eu tinha três irmãos homens e eles me batiam escondido do meu pai. Eles queriam que eu fosse professora, já que eu venho de uma família de educadores, e não era bem-visto uma mulher cantando. Mas a música já estava no meu sangue.

Hoje em dia, eu levo um cenário em 3D que é uma maravilha. Mas, no começo, a situação era muito ruim nos rodeios. A gente cantava em cima de um tablado. Uma vez, os músicos estavam tocando um forró e eu percebi que estava faltando bateria. Quando olhei, o baterista havia caído para trás, um lugar onde ficava o gado, cheio de bosta. Dormi em hotel, motel, ônibus, tomei banho em rodoviária, passei por tudo o que um artista pode passar. A nossa vida não é monótona, nós mudamos todos os dias. Podemos cantar as mesmas

Com 59 anos de idade, ela faz sucesso há 25 anos.

canções, mas mudamos todos os dias de público. Eu faria tudo de novo.

Maria Albuquerque Miranda, que virou Roberta, é de João Pessoa, na Paraíba. Gravamos com ela em São Paulo, em seu apartamento no bairro dos Jardins. Antes de virar o primeiro fenômeno comercial feminino da música sertaneja e de entrar para a lista de mulheres que mais venderam discos no Brasil, ela já se destacava como compositora. Com composições invariavelmente românticas, conseguiu emplacar canções com duplas já consagradas, além de ajudar a consagrar outras tantas. Com ela, que ganhou a fama no final dos anos 1980, era necessário voltar à questão do machismo.

ROBERTA MIRANDA: Eu senti o machismo na pele, era tudo de forma muito exacerbada. Era explícita a raiva que algumas pessoas sentiam da Roberta Miranda fazer tanto sucesso. Foi muito difícil. Eu tive de, com todo carinho, dar muita porrada, digamos assim, por meio das canções. Demonstrar que contra o talento não existe argumento, para que eles começassem a me respeitar. Eu ouvia coisas como: "Ah, o que essa jacu tá fazendo?" "Essa nordestina tá querendo o quê?" Ouvia dos próprios colegas que estavam trabalhando comigo, de alguns músicos, eles não entendiam o porquê dessa mulher fazer tanto sucesso.
Eu vim fazendo algo diferente. A música de raiz explicitava demais as situações, por exemplo: "Peguei minha mulher na cama com meu amigo". Era uma traição muito clara. Aí eu pensei: "Tem vácuo por onde eu posso caminhar e fazer umas letras diferenciadas".

No entanto, mesmo com uma porção de músicas boas nas mãos, convencer os artistas a gravá-las não era tarefa fácil.

ROBERTA MIRANDA: Eu andava nas portas das gravadoras, nas editoras, mostrando minha fita cassete com as composições. Um dia levei na editora um cassete, en-

treguei para o responsável e disse: "Eu sou compositora e gostaria que você ouvisse". A música era "De igual pra igual", e eu queria que ele mostrasse para o Chrystian & Ralf. Quando eu virei as costas, eu ouvi um "tleck". Ouço esse barulho até hoje. O cara jogou a minha fita no lixo. Nem ouviu, jogou fora.
Por meio de um amigo, o Taguaí (produtor), eu consegui mandar a música para o Matogrosso & Mathias. Eles gravaram e estouraram. Quando a música virou sucesso, o Chrystian e o Ralf vieram pra cima de mim. Eu falei: "Cara, eu queria mostrar a música para vocês, mas jogaram minha fita no lixo".
Essa música entrou no Rio de Janeiro, no Norte, no Nordeste, sem nenhum tipo de preconceito. Foi um sucesso muito grande, e nós estamos falando de quase trinta anos atrás. Ela e "A majestade, o sabiá" foram sucesso sem preconceito de ninguém.

Roberta apoia e defende a nova geração da música sertaneja, representada por Teló.

A cantora sempre esteve presente na mídia, tendo participado várias vezes dos programas do Chacrinha e do Faustão.

Entre sucessos em outras vozes, como "De igual pra igual", com Matogrosso & Mathias, e "Vida dividida", com Chrystian & Ralf, havia uma em especial. Roberta escreveria, em 1987, uma canção que viraria um hino da música sertaneja e entraria para o grupo de grandes clássicos da nossa música: "A majestade, o sabiá".

ROBERTA MIRANDA: Meu primeiro grande sucesso para o mundo sertanejo nasceu em São Paulo, mas todos acham que eu estava numa fazenda. Eu morava junto com uma pianista para dividir apartamento. Ela foi embora e literalmente eu fui despejada. Eu trabalhava em bares e ganhava muito pouco. Contei com o apoio da Wanda Alves, dona de um salão de cabeleireiro. Ela me acolheu. Trabalhava com grandes clientes e me colocava no salão para que eu cantasse enquanto as clientes faziam cabelo, massagem. Dessa forma, ela me dava uma graninha, já que eu tinha sido despejada. Daquele apartamentinho em São Paulo saíram 120 canções que foram sucesso mais tarde, inclusive "A majestade, o sabiá".
Nessa época, eu ganhei um pássaro, um sabiá, que se chamava Marilyn. Quando eu dedilhava o violão, Marilyn cantava, e aquilo ficava lindo. Tanto é que comecei a música pelo refrão em homenagem ao pássaro. Fiz em cinco minutos. Eu levei essa música pro Chitãozinho & Xororó, mostrei pros meninos no violão. Eu era só compositora, não tinha gravado ainda. Eles não quiseram gravar. Um dia, estava entrando na Copacabana (gravadora) e o Jair Rodrigues chega pra mim e pergunta se eu tinha alguma canção. Mostrei essa e ele enlouqueceu. No mesmo momento, ele pensou em convidar o Chitãozinho & Xororó para gravar com ele, e acabou sendo aquele sucesso todo.

Não bastasse "De igual pra igual" e "A majestade, o sabiá" terem sido recusadas por duplas importantes, houve um terceiro sucesso que também recebeu um "não". Dessa vez, por um motivo nobre.

ROBERTA MIRANDA: Eu me recordo que fui num hotel

com um violão mostrar pro Milionário & José Rico a música "São tantas coisas". O Zé Rico ouviu, olhou pra mim e falou: "Zum, grava você essa música que vai fazer sucesso"! Fiquei chateada porque queria que ele gravasse a minha música. Acabei gravando no meu primeiro disco, que vendeu 1 milhão e meio de cópias.

Fenômeno de vendas logo no primeiro LP, que levava seu nome no título, Roberta Miranda se destacou em um período de ascensão de diversas duplas importantes, como Chitãozinho & Xororó, João Mineiro & Marciano e Chrystian & Ralf. A gravação do primeiro projeto, conseguido por ela na raça, enfrentou alguns empecilhos. Um deles era o fato de que havia gente próxima disposta a atrapalhar esse sonho.

Roberta Miranda: A gravadora queria me dar um "cala boca". Eu era uma compositora que tinha seis, sete músicas estouradas em um ano. Pensaram assim: "Vamos dar aqui um contrato para essa menina porque o negócio dela é ser compositora", sendo que todos sabiam que eu queria uma oportunidade como intérprete.
Quando consegui gravar o primeiro disco, eu fiquei oito meses trabalhando dia após dia na divulgação. Me lembro de que chamei o maestro Oscar Nelson Safuán e perguntei: "Quantos discos eu tenho de vender?". Eu tinha tanto pavor de não ter o segundo disco, o terceiro, que eu perguntei quantos discos eu tinha de vender. O maestro disse que, para uma produção se pagar, tinha de vender 5 mil cópias. Aí eu pensei: lutadora como eu sempre fui, vou de porta em porta, vendo para os amigos, mas vou conseguir. Aí fui trabalhar. Andava a cidade inteira para fazer a divulgação. Como ninguém me dava carro, eu ficava com bolha nos pés.
Um dia fui até a Continental (gravadora) pela porta dos fundos, onde ficava a fábrica. Vi um cara carregando um caminhão, colocando caixas e caixas, e fiquei só olhando. Olhei pro rapaz e perguntei: "Nossa, quantos discos tem aí?". Ele disse: "Mais de 100 mil". Eu per-

Seu primeiro disco vendeu 1 milhão e meio de cópias.

guntei quem era o artista e ele disse: "São todos seus, Roberta Miranda". Aí, cara... eu levitei. Eu só queria vender 5 mil cópias. Tem artista que vende 1 milhão, 2 milhões de discos de um trabalho, mas geralmente é o segundo, terceiro trabalho desse artista. Comigo não, foi diferente. Meu primeiro LP, meu primeiro trabalho como intérprete, como eu disse, vendeu 1 milhão e meio de cópias.

A "rainha da música sertaneja", como ficou conhecida, teve uma formação musical bastante ampla. Tanto na infância, quanto no início da carreira, outros gêneros foram bastante presentes na sua formação.

Roberta Miranda: Meus pais, principalmente meu pai, colocava na vitrola, todo final de semana, Pena Branca & Xavantinho, Cascatinha & Inhana, entre outros artistas, mas não só sertanejos. É por isso que, no começo da minha carreira, eu poderia ser cantora de vários gêneros, cantei de Chico Buarque a Caetano Veloso, todos os grandes artistas da MPB. Poderia também ter sido uma sambista. Mas eu quis o sertanejo. Sempre achei o sertanejo muito puro, uma música que toca direto no coração da gente. A simplicidade das palavras, as coisas que ela traz do campo, me fascinam extraordinariamente.

E eu fui me apaixonando pelo sertanejo até chegar em Nalva Aguiar. Quando a conheci, quase implorei: "Nalva, deixa eu ser sua secretária?". E ela: "Não, eu já tenho secretária". Eu me enfiava no ônibus da "rainha dos rodeios", a gente percorria o interior de São Paulo, e eu ficava enlouquecida. Tanta gente assistindo, ela cantando maravilhosamente bem, sempre com aquela voz maravilhosa, músicas lindas... Isso marcou muito a minha vida.

Tínhamos planejado ouvir As Galvão e Inezita Barroso para o programa. Com a Inezita, não seria uma simples conversa. Planejávamos que o Michel entrasse de surpresa, tocando sanfona, no Viola, Minha Viola, *e que lá mesmo conversasse com ela. Tentamos por diversas*

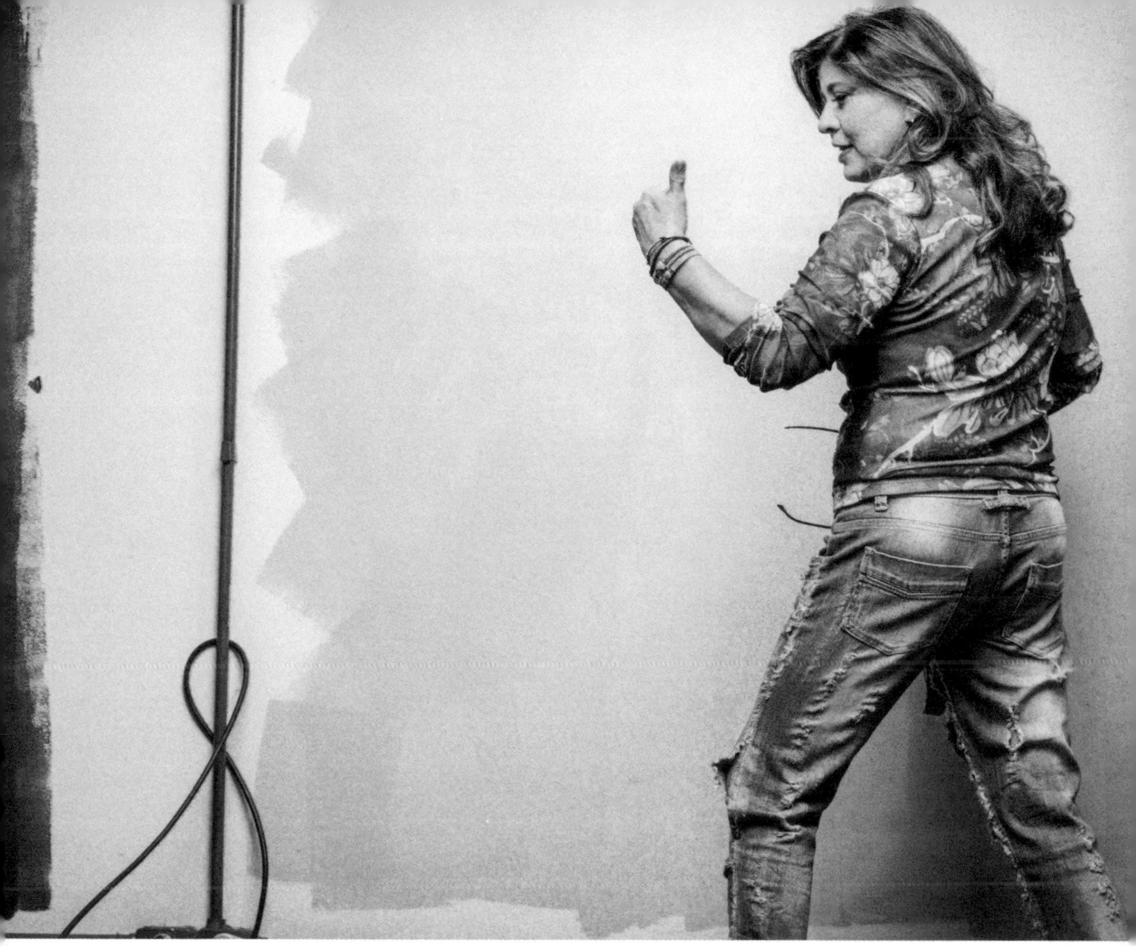

vezes fazer a gravação, mas a equipe dela impediu, alegando que ela não estava bem de saúde.
Formada em 1945 como Irmãs Galvão, a dupla de Mary e Marilene mudou o nome para As Galvão por questões de numerologia. São figuras femininas importantes dentro do cenário sertanejo, e houve quem tentasse tirá-las da carreira artística. Sem êxito, felizmente.

De tanto postar nas redes sociais Roberta Miranda é chamada pelos fãs de rainha do instagram.

Marilene: Teve muita cantora cheia de futuro que parou por causa de homem. Infelizmente isso ainda acontece. O homem vê uma mulher bonita no palco e se sente o dono. Então ele faz a proposta, ela casa com ele, e aí ele solta: "Ou eu ou o palco". A maioria acaba indo para a cozinha pilotar fogão.

Mary: Para nós, também teve umas conversas assim. Nós desistimos de vários casamentos, mas continuamos juntas. "Ou a música ou o casamento?" A música.

PAULA FERNANDES: Eu me relacionei muito pouco até hoje, tive apenas alguns relacionamentos. Todos duraram bastante tempo e todos já entraram sabendo que namoravam, além de uma artista, uma cantora, uma compositora e alguém de personalidade forte. Eu sou uma pessoa muito determinada, sempre fui. Acho que o parceiro, o companheiro, tem de ter essa compreensão. Essa história de ou eu ou a música não ia funcionar comigo não.

ROBERTA MIRANDA: Relacionamentos são sempre as inspirações para compor. As inspirações para cem por cento das minhas músicas foram vividas, vieram dos amores, das paixões que eu tive. Eu não fui muito feliz no amor. Dá para perceber isso pelas minhas canções. Eu fui consagrada pelo povo, o público consagrou Roberta Miranda como a rainha da música sertaneja. Hoje eu cheguei ao ápice do amadurecimento e sou muito feliz comigo mesma. Isso é maravilhoso.

Nome
Paula Fernandes

Local e data de nascimento
Sete Lagoas (MG) - 28/08/1984

Maiores sucessos
"Pássaro de fogo", "Jeito de mato", "Eu sem você"

Nome
Roberta Miranda

Local e data de nascimento
João Pessoa (PB) - 28/09/1956

Maiores sucessos
"São tantas coisas", "Meu dengo", "Vá com Deus"

Almir Sater e Jads & Jadson

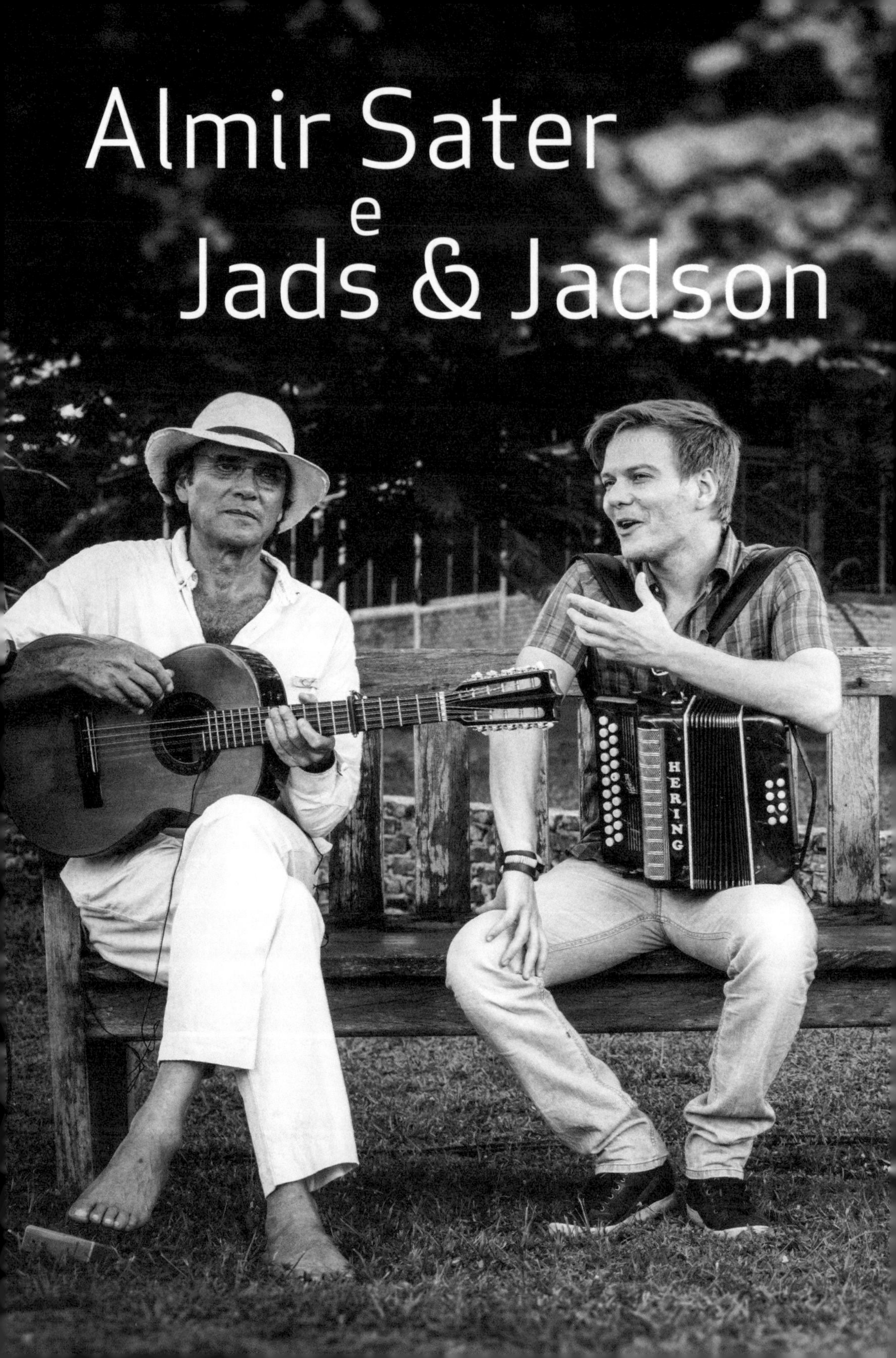

a cultura da viola e a importância de Tião Carreiro

O Almir tem um estilo diferente, ligado à música pop, enquanto o Jads e o Jadson tiveram influência da moda de viola, da música de raiz

Fui criado no Mato Grosso do Sul e sempre tive o Almir como o grande nome do nosso estado. Na minha infância, eu estudei com o Gabriel, filho dele. Ele cantava no coral, assim como eu. Teve um show do Almir na cidade, nessa época, e por conhecer o filho dele, eu achei que fosse conseguir chegar perto do Almir. Me lembro de ter ficado na porta que dividia o camarim, tentando chamar a atenção do Gabriel, mas acabou não rolando. O Almir é um cara que tem um estilo um pouco diferente por conta da influência mais pop, mais americana. Mas acabou fazendo sucesso com grandes músicas sertanejas que ele mesmo compôs.

O Jads e o Jadson eu conheço desde guri. A escola deles é o Tião Carreiro, o repertório deles de músicas de raiz é imenso, muito por influência do pai deles, que gostava de moda de viola e incentivou a carreira dos dois. Hoje eles têm um estilo mais moderno, mas sem jamais abrir mão do que é antigo. Me lembro de que quando eu viajava com o Tradição para fazer bailes no interior do estado, eles iam dar canja durante o nosso show. Foi meu irmão, Teófilo, quem produziu o primeiro disco deles, então o contato é próximo há muitos anos.

Hoje, depois de tanto tempo, nós temos uma relação de sociedade, eles fazem parte do meu escritório, e, nessa parceria, conseguimos que o nome Jads & Jadson passasse a ficar conhecido no Brasil inteiro.

As duas maiores referências da viola, naturalmente, mereceriam um programa só pra eles. No episódio, Almir Sater fala também de Tião Carreiro.
As gravações aconteceram na fazenda de Almir Sater, localizada no Pantanal, em Aquidauana, Mato Grosso do Sul. Uma viagem de avião comercial até Campo Grande, e depois um breve voo, em avião pequeno, até a fazenda.

ALMIR SATER: É difícil sair da fazenda. Sempre achamos que o tempo deu mas nunca dá, a gente sai com vontade de ficar mais. Mesmo depois de ter passado nove meses direto aqui, quando fui embora a sensação era de tá deixando uma coisa muito preciosa pra trás. Aqui é pra quem gosta dessas coisas. Pra quem gosta de mato, de isolamento, pra quem tem paciência com mosquito. O isolamento é bom pra gente porque aqui não tem avenida, não tem bares, não tem nada. Quando os amigos, os parceiros, vêm pra cá, ficamos sentados, tocando. Para fazer música é bom, com tempo de sobra. Ter certeza de que o cobrador não vai bater na porta. São coisas que contribuem pra fazer música. Tem de estar com a alma leve, feliz. Eu tenho de estar feliz pra compor. Tem gente que prefere estar na fossa, eu não sou assim.

A formação musical de Almir é diferente de grande parte dos sertanejos. Violeiro respeitado e premiado, o jovem roqueiro saiu de Campo Grande para estudar direito. Pelo menos, é o que seu pai achava.

ALMIR SATER: Fui pro Rio fazer faculdade. Eu tentei trabalhar, mas a música sempre me puxava. A faculdade só servia pra eu sair com a moçada e tocar. Na época, o (Renato) Simões estava morando no Rio. Inventei umas três aulas com ele. "Simões, eu estou precisando de uma aula de Bob Dylan." Ele era especialista em Bob Dylan. A gente acabou se aproximando e fizemos nossa primeira música, chamada "Semente". Ficamos parceiros a partir daí. Mas tive de voltar pra Campo Grande, eu não conseguia passar de ano, foi ficando complicado. Meu pai estava sofrendo muito pra me manter no Rio, e eu fiquei com dó. Poxa, ele me deu dez anos pra fazer direito e mesmo assim eu achei que não ia dar.

Apesar de ter ficado conhecido como artista solo e ter tido uma base musical bastante influenciada pela música americana, Almir arriscou alguns projetos diferentes antes de se tornar conhecido. Ele até já formou uma dupla sertaneja.

ALMIR SATER: Isso foi ali por 1978, 1979. A dupla chamava Lupe & Lampião. A gente tocava "O mineiro e o italiano", música do Tião Carreiro, e ficava curtindo cantar as modas dobradas. Cantava as folias e um pouco de folclore boliviano. A gente tentava fazer música caipira, mas não sabia, a nossa música caipira era ruim demais, então a gente tocava as do Tião. Queríamos imitar os caipiras, fizemos algumas sátiras, alguns dramalhões, participamos de festivais, mas não era o nosso forte.

Sem obter sucesso nem com os estudos nem com a dupla, Almir Sater decidiu que São Paulo seria seu próximo destino. Como já chamava atenção por seu talento como músico, passou a trabalhar com Tetê Espíndola, em um formato um pouco diferente do que conhecemos hoje.

ALMIR SATER: A Tetê me chamou pra participar com ela do Lírio Selvagem. Gostei de São Paulo, conheci muitos músicos. Mas ninguém tinha condições de ter uma banda. Éramos vários artistas que tocavam uns com os outros. Resolvemos montar uma cooperativa. Era show de todo mundo. Cada um tinha o seu momento individual, vendia o seu peixe. E nessa vendagem de peixe, o diretor de uma gravadora viu e perguntou: "Quer gravar um disco?". Eu falei "Claro!". Mas eu tinha um convite pra gravar com a Diana Pequeno, cantora que fazia sucesso naquela época. Fui pra estrada com ela, ficamos fora oito meses. Quando voltei, gravei o disco. Eu tive muita sorte.

É possível ser fã de Tião Carreiro e Pink Floyd ao mesmo tempo? Ser influenciado

tanto por uma guitarra quanto por uma viola? A formação de Almir mostra que sim.

Jads & Jadson mantêm viva a cultura da moda de viola, tão importante para a música sertaneja.

Almir Sater: Eu venho de uma geração que curtia Pink Floyd. Peguei Beatles no final, por isso a minha geração é mais Pink Floyd, Eric Clapton, Bob Dylan, James Taylor, e ao mesmo tempo eu gostava de Tião Carreiro & Pardinho, Liu & Leú, Vieira & Vieirinha etc. Eu também gostava das músicas do altiplano da Bolívia. Nessa época, tínhamos a música folclórica dos Andes, a música irlandesa, que deu origem à música country americana, que nos influenciou e que influenciou também o rock'n'roll por meio do blues. Tive a chance de ouvir essa miscelânea toda, até a mistura da música negra com a música europeia. A nossa época foi rara porque tinha muito artista talentoso, um monte de compositores fantásticos. Hoje em dia não é assim, eu vivi uma fase mágica do planeta música.

Comecei a tocar viola tentando tirar o som que eu escutava no rádio. Aquele som ponteando, aquela afinação aberta. Usava um violão de aço pra tentar tirar esse som, mas não ficava igual. Aí um dia eu conheci uma viola com uma dupla de violeiros tocando. Pensei "é esse som que eu quero!". Naquele mesmo dia, vendi o violão folk que eu tinha e troquei por uma viola trovadora. A viola, mesmo a mais simples e a mais barata, tem um som lindo.
A música caipira vem das modinhas portuguesas. A viola caipira é uma viola braguesa, viola portuguesa. Você escuta músicas portuguesas tradicionais e elas parecem nossas músicas caipiras de antigamente. Aqui nós abrasileiramos a viola braguesa. Nosso swing é diferente, o jeito de tocar. No norte de Minas, começa a mistura com a música africana, tem mais batuque. As pessoas dançam, por isso a viola tem de ser pulsante. Já as nossas festas aqui no Pantanal, perto da fronteira, eram animadas com a sanfona. Quem grita aqui são as sanfonas, e os violões acompanham. Quando toco a viola com os nossos ritmos da fronteira, procuro imitar a sanfona. Todo o meu fraseado é tentando imitar a rapaziada da sanfona, os chamamezeiros (tocador de chamamé, um estilo musical). Então, a nossa viola acabou tendo concepções diferentes.

Ao contrário de Almir, os irmãos Jads e Jadson cantam juntos desde a infância, estimulados pelo pai, fã de música caipira. Passaram dez anos buscando profissionalmente um espaço ao sol, rodando pelo interior do Mato Grosso do Sul, até que o sucesso veio em 2013, com a canção "Jeito carinhoso". Violeiros, eles são da escola de Tião Carreiro.

JADS: A gente foi criado nesse meio de viola caipira, nossa base musical é Tião Carreiro. Por mais que o público do sertanejo tenha aumentado e se modificado bastante, ainda tem muito cara que vai ao show pra ouvir a viola mesmo. Por isso, a gente nunca pode deixar de ter uma parte dedicada só a esse estilo.

JADSON: Manter essa essência, o que aprendemos desde meninos é nossa obrigação. Nós começamos fazendo só viola e violão, com nosso pai ouvindo sempre Tião Carreiro. E o bom é que o público vem junto, conhece música de cinquenta, sessenta anos atrás. Tem muita música antiga que é sucesso até hoje.

ALMIR SATER: A escola da viola hoje em dia ainda é em cima de Tião Carreiro. Os grandes violeiros que tocam hoje têm o estilo parecido com o do Tião. Não conseguem tocar a minha música. Não é que não conseguem, é que não bate como bate a do Tião. Os caras falam que a minha música é difícil, mas não é. Minha música tem uma influência diferente. Eu acho lindo pagode, mas nunca soube tocar. Gostava de ver o Tião tocando nas rodas de viola caipira e pedia pra ele me ensinar.

Depois fui conhecer o Renato Andrade, um grande violeiro, com uma técnica impecável. O ideal seria juntar a técnica do Renato Andrade com o sangue e o swing do Tião Carreiro. Seria fantástico, mas nunca consegui tocar igual ao Renato nem ao Tião.

"Jeito carinhoso", maior sucesso da dupla Jads & Jadson, foi a terceira canção mais tocada no Brasil em 2013.

Jads: O Tião foi um pioneiro, o criador. Quando a gente começou, se inspirava no Tião, no Almir e nos outros violeiros.

Almir Sater: O Tião realmente tocava muito bem, e ele era generoso. Os caras aprendiam a música dele e passavam a tocar até melhor do que ele. O Bambico foi um violeiro muito importante, gravava todos os solos para o Tião. A diferença é que ele tirava canções que as pessoas queriam ouvir, que estão aí até hoje. O instrumentista muitas vezes toca melhor que a gente, mas não consegue compor. O instrumentista fica tanto tempo estudando que não dá tempo de fazer música.

Almir faz parte de um pequeno time de sertanejos que foram destaques em novelas. Em sua história, as novelas tiveram um papel mais importante do que para qualquer outro artista, pois foi por meio delas que ele se tornou nacionalmente conhecido.
Seu primeiro papel foi na novela Pantanal, *na TV Manchete. Além de interpretar Xeréu Trindade, emplacou "Chalana" na trilha sonora. Ele não tinha experiência como ator, mas admitiu que estava sempre pronto para fazer qualquer coisa que fosse relacionada a arte. Foi por intermédio de um de seus grandes e ilustres amigos, Sérgio Reis, que ele entrou para o mundo da televisão.*

Almir Sater: Eu sempre achei interessante esse negócio... Quem mexe com música, com o palco, tá sempre pronto pra fazer um filme ou uma novela. Eu fui visitar o Sérgio Reis pra levar uma música minha pra ele gravar. O Sérgio foi o primeiro cantor profissional a gravar uma música minha, chamada "Sonhos guaranis". Nem tinha a ver com o repertório dele, mas o Sérgio gostou

Tião Carreiro

José Dias Nunes, o Tião Carreiro, nasceu no interior de Minas Gerais, na cidade de Montes Claros. Tendo formado diversas duplas ao longo da vida, seu nome ficou marcado ao lado de Pardinho, de quem se separou mais de uma vez, mas com quem formou uma das **duplas mais influentes de toda a história da música sertaneja.** É considerado nosso maior violeiro, não tanto pela habilidade técnica, **mas por sua criatividade** e pela importância que teve para as gerações seguintes.

Além de ter escrito uma série de sucessos que gravou ao lado de Pardinho, **sua principal contribuição foi a criação de um ritmo: o "pagode de viola".** Ao lado de seu amigo compositor Lourival dos Santos, Tião inventou um novo jeito de tocar viola, mais ritmado, que faria com que um instrumento já popular ganhasse novo fôlego no final dos anos 1950. Não por acaso, quando se fala em viola, a referência que muitos têm é justamente a **batida do pagode,** que não tem relação alguma com a origem do instrumento.

Tião Carreiro é o grande personagem da quase centenária história do sertanejo. Foi da sua maneira de escrever e interpretar que surgiu a imagem do cantor "bruto", aquele que canta grosso e defende a tradição com unhas e dentes.

Faleceu em 1993, em decorrência de problemas causados pelo diabetes.

de mim e queria achar um jeito de me ajudar. Ele virou pra mim e disse: "Almir, você é um cara que toca bem, você tem de pegar o seu disco e trabalhar. Você é muito preguiçoso, não trabalha". Aí eu falei: "Serjão, é claro que eu quero que minha música toque, mas não vou pedir pra um programador tocar uma música que não é o estilo dele. Eu não vou constranger o sujeito. Quer tocar, toca". "Se você quer que eu faça sucesso, me bota nessa novela com você", pedi. Ele ia gravar uma novela chamada *Amor Pantaneiro*, na Globo. Ele virou pra mulher dele e disse: "Olha o que ele tá querendo. Até parece...". Ele ficou me gozando um pouco, mas tudo bem. Depois de uns sete anos, eu estava em Fortaleza fazendo um show. Tinha gravado um disco e recebi um convite pra fazer carreira internacional de música instrumental. Estava tudo certo pra eu ir morar nos Estados Unidos e o telefone tocou. Era o Sérgio Reis: "Lembra aquele nosso papo da novela? Pois é, a Manchete vai fazer uma novela chamada *Pantanal*, você não quer participar?". Eu perguntei onde ela seria gravada e ele me disse: "No Pantanal". Topei na hora. Meu empresário me dispensou naquele dia. Afinal, a gente ia pros Estados Unidos. Mas fazer a novela foi uma decisão mais acertada. O papel era muito bom e, além disso, tinha de tocar viola.

Almir Sater aproveita a vida simples e descontraída em sua casa no pantanal sul-mato-grossense.

Almir se destacou na novela também com "Chalana", composição de outra figura importante para a música sertaneja: Mario Zan.

Almir Sater: Eu nunca tinha pensado em gravar "Chalana". O diretor falou: "Você conhece essa música?". Eu falei: "Conheço". Ele pediu: "Grava essa música pra mim!". Eu falei: "Ah...!" Ele falou: "Você vai tocar hoje, grava uma cena com a música, e nunca mais". Aí eu gravei e foi meu primeiro sucesso. Fico até sem graça por isso. Até hoje ainda toco "Chalana", vai ser por toda a minha vida.

Saí de *Pantanal* e fui fazer o Zé Trovão (na novela *Ana Raio e Zé Trovão*), um presentão! Depois fiz *O rei do*

Apesar de ter uma formação roqueira, Almir sempre admirou o trabalho de Tião Carreiro, mesma fonte de inspiração de Jads & Jadson.

Michel, Jads e Jadson têm uma trajetória parecida: nasceram no Paraná, mas foram se consagrar profissionalmente no Mato Grosso do Sul.

gado, também com o Serjão. Todas essas novelas eram do Benedito Ruy Barbosa. Ele gosta muito da gente. Chamou meu irmão (Rodrigo Sater) pra fazer uma novela, agora chamou meu filho (Gabriel Sater).

A novela O rei do gado *foi mais uma experiência diferente na carreira de Almir. Ao lado de seu parceiro de novelas, Sérgio Reis, ele formou a dupla Pirilampo e Saracura. O sucesso da dupla na novela foi tamanho que eles acabaram gravando um álbum com oito canções, todas elas bastante conhecidas do universo sertanejo.*

ALMIR SATER: Gosto muito desse disco. O Serjão é esperto pra cantar, ele canta bonito. Na época da gravação, ele me disse: "Almir, eu vou ficar aqui no estúdio gravando, você deixa comigo essa parada. Quem vai cantar agudo é você, eu vou só fazer o faz de conta aqui embaixo".

Apesar de as novelas serem sua principal relação com a

televisão, desde 1986 Almir entra, por causa de sua música, na casa de milhares de brasileiros. É de sua autoria a trilha de abertura do programa Globo Rural, *a canção instrumental "Luzeiro".*

Almir Sater: Essa música praticamente criou meus filhos, devo muito a ela. Materialmente me ajudou muito.

Dono de uma série de belas composições, conversamos com ele sobre "Tocando em frente", feita ao lado de Renato Teixeira, que se transformou em um hino sertanejo, de tantas vezes que foi regravada. Uma canção que marca por sua mensagem positiva.

Almir Sater: Tudo o que a gente faz na vida, um pouco é fruto de sonho. Se uma criança não sonha, ela não vai muito longe. Então, temos de fazer as pessoas sonharem.

Nome
Almir Sater

Local e data de nascimento
Campo Grande (MS) - 14/11/1956

Maiores sucessos
"Chalana", "Comitiva esperança", "Um violeiro toca"

Nome
Jads e Jadson

Local e data de nascimento
Ambos em Catanduvas (PR) – 23/01/1974 e 07/03/1978

Maiores sucessos
"Jeito carinhoso", "Ressentimento", "Coração idiota"

Bruno & Marrone

César Menotti & Fabiano

a origem das duplas e a utilização de duas vozes

O Cesinha conhece tudo de música sertaneja, da raiz até hoje. Ele e o Fabiano chegaram a morar na "boca do lixo"

O dia em que ouvi o Bruno pela primeira vez no rádio, eu tinha uns dezoito anos e fiquei impressionado com aquela voz, o sentimento que ele colocava na música. Ele é, sem dúvida, uma das maiores vozes do Brasil, independentemente do estilo. É um cara que eu admiro demais, e com quem eu tive a oportunidade de gravar ainda no Tradição.

O Marrone é um cara simples que tem uma história de vida impressionante. Foi criado na roça, aprendeu a tocar sanfona, tocou com um monte de dupla e, de repente, montou uma com o Bruno por intermédio do Leonardo. O Marrone tem uma estrela que poucos artistas têm. Não é à toa que chegou aonde chegou.

Conheci o César Menotti e o Fabiano na época em que o Tradição começou a fazer sucesso. A gente se encontrava nas rádios fazendo divulgação. Eles são de uma época em que o "novo sertanejo" começou a ganhar espaço, junto com João Bosco & Vinícius.

O Cesinha conhece tudo de música sertaneja, da raiz até hoje. Eles foram influenciados pelo pai e chegaram a morar na famosa "boca do lixo", em São Paulo, região que diversos artistas sertanejos frequentavam nas décadas de 1970 e 1980.

Como nasceu o sertanejo? De onde vieram as duplas? Quando o gênero se tornou comercial? Tínhamos de fazer um programa para falar sobre as origens da música. Decidimos reunir Bruno & Marrone e César Menotti & Fabiano, duplas de épocas diferentes, para discutir esses temas. A gravação aconteceu em uma propriedade do Bruno localizada em Indianópolis, perto de Uberlândia, um rancho que recebeu o nome de "Rancho do vale".

Bruno: Gravei uma música com esse nome "Rancho do vale", uma participação num CD em tributo ao Tião Carreiro. Era um grande sucesso dele e eu gostava muito dessa música. O Tião, que eu não cheguei a conhecer, foi minha inspiração desde criança. Sempre fui muito fã e éramos da mesma gravadora. O Tião morreu e fomos convidados para participar do tributo. A música dizia: "É lá no rancho do vale / bem distante da cidade / que mora a felicidade". Tem tudo a ver com esse lugar.
Era um terreno vazio, eu construí tudo. A ideia sempre foi ser um rancho para descanso. Quando a dupla estourou, em 1999, 2000, a gente quase não tinha tempo para passear. Todo lugar que íamos, era aquele assédio. Foi justamente por isso que decidi ter o rancho.
Nas rádios dos anos 1980, quando formamos a dupla, tocava muito pop rock. Mas eu escuto Tião Carreiro des-

César Menotti e Marrone fazem a segunda voz nas suas duplas.

de criança. Ouvia também Belmonte & Amaraí, Zé do Rancho & Zé do Pinho, Cacique & Pajé, e depois as duplas mais novas, como Milionário & José Rico, Chitão & Xororó, João Mineiro & Marciano, Matogrosso & Mathias. Em todos os nossos CDs, nós gravamos bolero. Era um bolero, uma guarânia e um samba, bem diversificado. Bolero é um som que eu gosto de ouvir. Ouço muito o Luis Miguel. E eu acho que meu timbre de voz combina com bolero. Já gravamos vários boleros como "Fruto especial" e "Apenas um sorriso".

Gosto de ouvir vozes boas, admiro cantores com timbres diferentes, cada um na sua região. Mas eu nunca tentei imitar ninguém. É muito bom saber que as pessoas gostam do seu timbre, te admiram como cantor. Eu adoro ouvir isso. Só que eu tento não me envaidecer com esse tipo de coisa porque tudo é muito efêmero. A gente está aqui hoje, mas amanhã não está mais.

Marrone: O Bruno tem uma voz única. Nós cantamos em bares por dez anos e ele nunca tentou imitar alguém. A rasgadinha na voz é dele mesmo. Quem quer cantar música sertaneja precisa ter garganta!

Bruno: A rasgadinha era vontade de crescer. Pensava nas contas e rasgava a voz (risos). Mas foi natural, faz parte do meu jeito de cantar. Sempre foi assim, eu cantando, o Marrone na segunda voz e acompanhando na sanfona.

Marrone: Eu era bem menino quando meu pai ganhou uma sanfona numa rifa. Ele disse: "Vou ganhar a sanfona e o meu menino vai aprender a tocar". A gente morava na roça, as coisas não eram fáceis. Quem me inspirava era o Celinho, sanfoneiro. Tocava Pedro Bento, Zé da Estrada e Celinho. Quando eu o vi tocar pela primeira vez, fiquei impressionado e me apaixonei pela sanfona. Assim eu comecei na música.

Bruno e Marrone se conheceram em 1986, na noite de Goiânia. Apresentados por Leonardo, eles começaram a carreira em bares e boates da capital. Foram oito anos na noite até a gravação do primeiro disco, em 1994. Se considerarmos que a consagração da dupla veio com o DVD acústico de 2001, foram quinze anos de estrada e sete discos gravados até o sucesso. As primeiras oportunidades na televisão surgiram nos anos 1990, em um programa da Rede Record apresentado por Marcelo Costa.

Marrone: O Marcelo Costa ia sempre pra Goiânia, que é uma cidade muito forte no cenário sertanejo.

Bruno: Ele assistiu a um show nosso, viu o sucesso que estávamos fazendo e nos convidou para ir ao programa dele. Era o *Especial Sertanejo*, único programa sertanejo nacional que existia na época. A gente agradece muito ao Marcelo, porque ele não abriu só as portas pra nós, mas para vários outros artistas.

A pirataria, vilã da indústria fonográfica, foi grande aliada de alguns artistas sertanejos, por mais que isso possa parecer um contrassenso.
Donos de um repertório respeitável, mas com sucessos ainda restritos a poucos estados, precisavam de divulgação. Os camelôs deram o empurrãozinho que faltava para que Bruno & Marrone chegassem a outros grandes centros, inclusive São Paulo.

Marrone: A ideia do disco acústico foi o que mudou tudo. Nós gravamos cinco, seis CDs com cordas e metais, com os melhores maestros do Brasil, como era o sonho de qualquer dupla sertaneja. Os CDs foram bem, mas não estouraram nacionalmente.

Demos uma entrevista pra uma rádio de Uberlândia, tocamos algumas músicas ao vivo, e alguém gravou. Pouco tempo depois, essas músicas apareceram em discos piratas. Com aquela repercussão, a gente gravou um disco acústico direito, em estúdio, oficial. E estourou em todo o país.

Bruno: Um marco dessa época foi "Dormi na praça", que consideramos nossa música de ouro. Gravamos

Este episódio da série "Bem Sertanejo" foi gravado no rancho do Bruno em um clima de muita descontração.

Cornélio Pires

Se fosse necessário eleger uma figura como a mais importante da história da música sertaneja, Cornélio Pires levaria o título sem discussão. Jornalista, escritor, folclorista e, claro, fã da cultura caipira, o paulista de Tietê foi o responsável por organizá-la e disseminá-la a partir de 1910.

Sua grande aposta, no entanto, foi feita alguns anos mais tarde, em 1929. Foi, também, seu maior acerto. Cornélio Pires teve a ideia de reunir uma turma de cantores e violeiros e gravar um disco. Seria o primeiro disco de música caipira a ser gravado na história. Como não havia apoio das gravadoras, ele pagou do próprio bolso.

O projeto se chamava "A turma caipira de Cornélio Pires", uma série de discos de 78 rotações. A "turma" era formada, entre outros nomes, por Mariano & Caçula, a primeira dupla a gravar uma música caipira, "Jorginho do sertão".

Com o sucesso do projeto, a música caipira passou a se tornar interessante para as gravadoras, que começaram a apostar em produtos semelhantes. Por conta do pioneirismo de Cornélio Pires, a música sertaneja deixou de ser uma mera apresentação cultural isolada para se transformar em um gênero comercial.

pela primeira vez em 1994. Não deu nada. Depois, gravamos em 2000, e ela fez pouco sucesso. Ela foi estourar mesmo no DVD acústico de 2001. Ou seja: nós gravamos essa música três vezes até ela dar certo. Isso é que é o cara insistir mesmo numa música. Só "Dormi na praça" vendeu 3 milhões de discos.

O sucesso de Bruno & Marrone é considerado por muitos como o embrião de uma geração que surgiria alguns anos depois, sob a alcunha de "sertanejo universitário".

Bruno: Nosso sucesso acabou servindo como um divisor de águas dessa geração porque os Amigos, na época, o Chitão, o Zezé e o Leonardo, tinham um timbre ainda bem agudo. Eu e o Marrone temos esse timbre mais grave, um pouco mais encorpado. Além de um som acústico, diferente do que se fazia. Acho que tudo isso acabou sendo um grande diferencial pra gente aparecer e atingir um público maior. E, de alguma forma, servimos de referência para a turma que estava começando.

Michel Teló diz ser um grande fã de Bruno & Marrone e César Menotti & Fabiano.

Um passeio pela origem do sertanejo com César Menotti & Fabiano.

César: Eu estudo música sertaneja por gostar e também pra entender. Não existe muito material, mas leio tudo o que é publicado. Tive tempo pra isso porque na minha infância, dos doze até os dezessete anos, eu não fiz outra coisa a não ser ouvir e conhecer música. Eu trabalhava numa loja de disco...
Pode parecer demagogia, porque a música que a gente canta é contemporânea, mas o que eu temo é perder a raiz. Às vezes, algumas duplas dizem que somos a influência delas. Isso me preocupa porque vai deixando de existir aquela fonte, a verdadeira raiz. Eu batalho para não deixar isso acabar. Procuramos sempre lembrar, citar a música de raiz.
Por exemplo, o fato de a música sertaneja ser cantada em dupla gira muito em torno da genialidade do Cornélio Pires. Ele começou com isso no final dos anos 1920, e

até hoje a gente canta em dupla. Foi como uma assinatura pra que sertanejo fosse cantado em dupla.

Uma das primeiras duplas foi Mariano & Caçula, que eram pai e tio, respectivamente, de Caçulinha, músico que ficou conhecido por seu trabalho no Domingão do Faustão.

Caçulinha: A primeira moda de viola gravada no Brasil foi por Mariano & Caçula. Mariano era meu pai, Caçula, meu tio. A música se chamava "Jorginho do sertão". A turma viajava o Brasil todo de trem e de ônibus, nada de avião. Eles andavam do Rio Grande do Sul a Mato Grosso, por boa parte do Brasil. Cantavam nos cinemas das cidades, entravam no trem e iam pra outra cidade. O Cornélio Pires contava as piadas, os causos, e meu pai e meu tio cantavam moda de viola, cateretê, aquelas coisas bem típicas caipiras.
Como não tinha televisão, o meio de aparecer, de divulgar, era o rádio. Então ninguém sabia como eram os artistas. O Cornélio andava sempre com os discos, ia viajar e tentava vender aqueles discos de 78 rotações. Quando eu tinha quatorze anos, fiquei uns cinco anos viajando com o circo em que eles tocavam. Essa era a vida de uma dupla caipira.

César: Há controvérsias sobre a história da viola. Alguns livros dizem que um povo extinto da Ásia Menor, os retinta, já tinham viola. E nos salmos da Bíblia se diz para louvar ao Senhor com uma harpa de dez cordas – harpa se referia a todo instrumento de madeira e corda. Por isso, é importante a gente ter em mente que a viola pode ser um instrumento muito mais antigo do que se pensa. A música de viola mesmo, caipira, é uma música inteligente. É uma música que você precisa prestar atenção pra entender. As pessoas falam muito em moda de viola, mas pouca gente sabe o que é de verdade. Moda de viola é como uma opereta. É aquela coisa que o instrumento vai pontuando a voz. É a viola ponteando e as vozes fazendo dueto. E as histórias eram basicamente crônicas jornalísticas. Quando a gente toca nesses assuntos da importância da música sertaneja, sempre vale dizer que o Brasil é um país sertanejo. Não tem um brasileiro que não tenha o pai, um tio ou um avô ou bisavô que não tenha vindo do campo.

Fabiano: Todos os estilos musicais têm altos e baixos. Com a música sertaneja é diferente, ela sempre se manteve bem. Mesmo se estiver em um momento não muito bom, ela continua entre as mais tocadas, entre as que mais vendem shows no Brasil.

César Menotti & Fabiano estão na origem do que ficou conhecido como "sertanejo universitário", que trouxe uma cara nova para a música sertaneja, mais jovem, aberta a novas influências e a outros ritmos. A música que os projetou nacionalmente foi "Leilão", regravação de uma canção já conhecida no Nordeste.

César: Ninguém queria gravar "Leilão", e a gente tentando acertar uma música. Eu insisti com ela e falei: "Vamos ensaiar, e se não pintar nenhuma melhor, deixamos ela no DVD. Não pintou, ela ficou e foi a música que abriu as portas pra gente. Com essa música, quase pusemos as contas em dia. Falta só um pouquinho.

No entanto, apesar de ajudarem a abrir espaço para uma nova geração, a criação deles foi feita na base do sertanejo tradicional. Filhos de garimpeiro, eles moraram em diversos estados. Influenciados diretamente pelo pai, fã e amigo de alguns medalhões sertanejos, os meninos se interessaram por música ainda novos, sempre ao lado do irmão Fábio.

César: Meu pai era fã de música sertaneja, ia sempre atrás de shows, conhecia o pessoal. Depois acabava levando os shows pra algumas cidades. Levou Tonico & Tinoco pra Rondônia, Dino Franco & Mouraí pro Tocantins, e por aí vai. Levava por gostar mesmo, pra fazer parte.

Fabiano: Nossa família é muito musical, temos primos e tios que cantam, que tocam viola. Meu pai trabalhava como garimpeiro, e a gente passou a andar junto com ele pelo Brasil inteiro. Onde tinha garimpo, íamos atrás. E nesses garimpos sempre tinha roda de viola. O primeiro violão que nós ganhamos foi comprado com quatro gramas de ouro de um japonês, um garimpeiro. Foi assim que a gente aprendeu a gostar de música sertaneja.

César: Nós somos três irmãos: eu sou o mais novo, o Fábio é o do meio, e o Fabiano, o mais velho. Desde criança, a gente se apresentava junto, para amigos e parentes. Chegava uma visita em casa, íamos fazer um showzinho, declamar uma poesia, fazer teatro ou cantar uma música. Isso era uma coisa que o meu pai tinha com a gente. O Fábio e o Fabiano chegaram a cantar juntos, mas de uma forma amadora, nos festivais de música. Só que o Fábio, num determinado momento, estudou teatro e foi pro Rio trabalhar como ator. Foi exatamente nesse momento que a nossa dupla começou a acontecer profissionalmente.

Fabiano: Passei a frequentar as festas de Belo Horizonte em que tinha música sertaneja no começo dos anos 2000. Na época, o César morava em São Paulo. Conheci os artistas, e quando algum deles me via cantando, dizia: "Pô, você canta? Vem dar uma canja com a gente". E foi nessa brincadeira: dá uma canja aqui, dá uma canja ali. Até que um dia eu fui convidado pra cantar num bar e falei: "Tem meu irmão, a gente faz dupla". Na realidade, não tinha dupla, mas a vontade era muito grande. Eu via os caras cantando e pensava: "O que eles fazem, eu também faço". Aí, eu liguei pro César e ele foi para Belo Horizonte. Ensaiamos um repertório e já começamos a tocar.

Foi muito rápido em relação ao que acontece com outras duplas. Não foi fácil de maneira nenhuma, mas acho que o nosso tempo de luta foi menor. Até por conta da preparação que o nosso pai nos deu, quando a gente chegou no palco, já estava maduro pra se apresentar.

Os irmãos levaram um baque dos mais fortes em junho de 2011. A dupla perdeu o pai, Toninho do Ouro, por problemas renais. Os cantores não superaram facilmente a perda, e demoraram para se recuperar do golpe, o que afetou diretamente a carreira.

César: Nós perdemos o chão. Foi um momento em que a gente não conseguiu fazer mais nada relacionado à arte. Passei noventa dias sem conseguir escutar uma música caipira. Eu não conseguia ouvir, não conseguia ver uma foto sequer. Ficamos dois anos sem gravar. E com esse mercado concorrido, pra gente foi terrível. Não adiantava insistir, porque não estávamos bem mesmo. Mas todo luto tem um fim, e Deus veio, deu aquela cura pra nós. Conseguimos voltar, gravamos o nosso DVD no morro da Urca, no Rio de Janeiro, que foi um pedido do meu pai. Esse DVD nos colocou novamente no showbizz.

Marcamos um dia para que Michel e César andassem pelo centro de São Paulo, numa região que ficou conhecida como "boca do lixo". Ali, artistas de diversas épocas, consagrados e iniciantes, reuniam-se para, principalmente, trocar músicas. Havia uma conversa direta de compositores com cantores. Na região, havia o hotel Jandaia, no qual diversas duplas chegaram a morar, e os estúdios Gravodisc, por onde todos os sertanejos de destaque já passaram.

César: A "boca do lixo", que foi muito glamorosa, hoje em dia já não é mais tanto. Era onde os artistas se encontravam: Tião Carreiro, João Mulato, Liu & Léu, Zico & Zeca, entre outros. Meu pai, por ser muito fã dos violeiros, acabou se tornando amigo deles, frequentava a "boca" e nos levava. Se você perguntar pro Milionário

A gravação do programa propiciou a mistura dos artistas dessas duas duplas sertanejas, algo raro de acontecer.

qual a imagem que o povo tem dele aqui, ele vai dizer que é dele todo sujo de tinta passando com a escada nas costas. Ele era pintor e trabalhava na região.
Na minha infância eu vim com meu pai na "boca do lixo" pela primeira vez. A gente ficava num hotelzinho. Me lembro de que um dia eu saí e quem estava de pé encostado bem próximo era o Mathias. Imagina? Eu tremi e falei: "Pai, posso ir lá?". Naquela época não tinha celular pra gente ficar registrando essas coisas. A "boca do lixo" era o lugar de encontro da música sertaneja. Não tem como falar da música sertaneja sem passar por aqui. Os compositores, os violeiros, todos se reuniam aqui. Quem estava começando vinha para tentar encontrar alguém.
Foi na "boca do lixo" que eu vi vários artistas da música sertaneja: Leandro & Leonardo, Chitãozinho & Xororó, Zezé, enfim, todo mundo... Tinha uma padaria chamada Paraty que era o escritório dos violeiros. Havia um orelhão na frente da padaria. Tinha violeiro que colocava o número desse orelhão no cartão. E o orelhão existe até hoje. Se quisesse falar com os caras, era só ligar para o orelhão, era o escritório deles. Gente como Tião Carreiro, Mococa & Paraíso, Dino Franco e Mouraí, Liu & Léu, Zico & Zeca.

Michel: Além de tudo tinha um estúdio próximo, não?

César: O Gravodisc, estúdio em que praticamente todos os sertanejos gravaram. Me lembro de um dia em que eu estava gravando no Gravodisc. Um carro parou na frente do estúdio e desceu o Daniel, que grava lá até hoje, nunca deixou de gravar, desde a época do João Paulo. Eu estava vendo o Daniel! Imagina.
Tem uma história engraçada do Tonico & Tinoco no estúdio. Eles foram gravar e o Tonico errou um pedaço da letra da música. O técnico falou pra ele: "Tonico, você não precisa cantar de novo. A gente copia e cola". E ele não entendeu nada daquilo. "Falei que eu e o Tonico vamos cantar tudo de novo", disse. E o técnico:

Em um passeio pela "boca do lixo", Michel Teló e César Menotti encontraram um dos maiores compositores de música sertaneja, o Praense.

Teló e Menotti registraram a visita ao local onde funcionou o tradicional Hotel Jandaia, ponto de encontro dos sertanejos.

Influenciados pelo pai, os irmãos César e Fabiano sempre ouviram música sertaneja.

"Não precisa, o senhor vem cá que a gente recorta, copia e cola". Ele olhou o rapaz editando a música e falou: "Que que é a eletricidade, hein?" (risos). Ele queria dizer tecnologia....

MICHEL: Eu já fiquei no hotel Jandaia, que o pessoal chamava de hotel gandaia. Imagina a farra, todo aquele povo reunido.

CÉSAR: Nós tivemos o privilégio de ficar nele também, eu e o Fabiano.

MICHEL: Acho que dá um pouco de sorte, né? Acho que pro artista é importante vir aqui e pegar um pouco da energia, captar essas influências.

CÉSAR: Sim, dizer "daquela água eu já bebi". Eu acho que isso ajuda a gente a conservar a nossa raiz. Um dos maiores poetas da música sertaneja, Dino Franco, dizia que "a música sem origem é fraca, vulgar e fria". Nós tivemos o privilégio de ficar nele também.

Nome
Bruno e Marrone

Local e data de nascimento
Goiânia (GO) e Buriti Alegre (GO) - 22/04/1969 e 09/11/1964

Maiores sucessos
"Dormi na praça", "Choram as rosas", "Por um minuto"

Nome
César Menotti e Fabiano

Local e data de nascimento
Itapira (SP) e Califórnia (PR) - 24/03/1982 e 31/12/1977

Maiores sucessos
"Leilão", "Ciumenta", "Caso marcado"

Zezé Di Camargo & Luciano

o sucesso do sertanejo nos anos 1990

“Zezé e Luciano estão em primeiro lugar da música sertaneja se a gente considerar o número de hits”

Em 2006, nós fomos gravar o segundo DVD do Tradição em Campo Grande. Tínhamos uma expectativa imensa porque havíamos investido tudo, nosso dinheiro, nossa carreira. Haveria uma participação especial: Zezé Di Camargo & Luciano. Ficamos muito felizes quando eles aceitaram o convite, mas na hora da gravação caiu uma chuva, um temporal, e o palco caiu. A gente ficou perdido, sem saber o que fazer e o que falar. Naquele momento, o Zezé e o Luciano estavam do nosso lado, deram entrevista para a imprensa, conversaram com os repórteres, seguraram nossa barra, e é um momento que eu jamais vou esquecer.

Na história da música sertaneja, eles estão em primeiro lugar se a gente considerar o número de hits. Quem conseguiu emplacar tantas músicas em sequência, logo que a dupla foi formada? Sem falar que o Zezé é um dos maiores compositores sertanejos, além de sanfoneiro.

Quando eu tinha oito anos, montei uma dupla em Campo Grande chamada Michel & Rômulo. Nosso repertório era praticamente as músicas do primeiro LP do Zezé e do Luciano, que tinha "É o amor". Eles têm uma capacidade de renovação como poucos, e é por isso que conseguem influenciar gerações diferentes com o passar dos anos.

Assim como Chitãozinho & Xororó, a história do Zezé e do Luciano é tão rica que merecia um episódio solo. Michel passou de carro na casa de Zezé Di Camargo, em Barueri (SP), e foram até um pesqueiro bem próximo, na rodovia Castelo Branco. A ideia era fazer algumas imagens de pescaria, já que o Zezé gosta de viajar para pescar, e ir rapidamente para a casa do Luciano, onde o programa seria gravado. O "rapidamente" durou mais de três horas.

ZEZÉ DI CAMARGO: A última roupa que meu pai comprou pra mim, eu tinha sete anos de idade. Daí pra frente, eu nunca mais precisei. Agarrava minha sanfoninha e o povo achava bom demais. Era muito inusitado uma criança ser artista. Hoje tem ator bom com cinco, dez anos. Mas, naquela época, não. Por isso, as pessoas ficavam emocionadas comigo. Eu começava a tocar sanfona, chegava um cabra e falava: "Toca uma música aí pra mim". Eu tocava, o cara me dava um troco. Fui acostumando com aquilo e pensei: "Esse negócio é bão, meu futuro tá aqui".

Com uns três, quatro anos, eu vi um cara tocando sanfona e me apaixonei pelo instrumento. Você vive num ambiente onde está todo mundo tranquilo, pode ter até uns caras tocando violão, mas quando aparece alguém e solta uma sanfona, todo mundo grita. É sinônimo de alegria.

Luciano só começou a cantar aos dezessete anos, quando se juntou ao irmão.

O veículo de comunicação que a gente tinha em casa era o rádio, o radinho de pilha. Eu ficava escutando aqueles programas do Linha Sertaneja Classe A, das rádios AM de São Paulo. Na época, os grandes sucessos eram Pedro Bento & Zé da Estrada, Tião Carreiro & Pardinho, Léo Canhoto & Robertinho. Eu fui acompanhando toda a evolução musical do sertanejo, mas gosto mesmo do tradicional.

Além da pescaria, entrevistamos Zezé separadamente porque queríamos que ele nos contasse justamente sobre sua carreira antes de se unir ao Luciano, uma parte de sua vida que é pouco abordada.

ZEZÉ DI CAMARGO: A primeira dupla que eu tive foi com o meu irmão, o Emival. Meu pai botou a gente pra cantar desde criança, Camargo & Camarguinho, mas meu irmão não gostava de cantar. Quem nasceu com vocação pra música fui eu. Meu pai ficou meio frustrado por não existir aquele interesse do meu irmão. Ele tocava, mas não era o que ele queria fazer, era mais pra realizar o sonho do pai.

Depois eu formei uma dupla com um rapaz que fazia a primeira voz, mas não deu certo. Aí eu fui tocar sanfona num trio chamado Os Caçulas do Brasil. Tinha quinze anos naquela época. Tive também mais outra dupla, Zazá e Zezé, tocávamos bastante em Goiás, mas também não funcionou. Parei e pensei: "Quer saber? Vou cantar é sozinho". Eu já estava casado, tinha 22 anos, queria cuidar da minha vida.

Quando eu já estava sozinho, comecei a fazer umas músicas e anotava nuns cadernos que eu tinha em casa. Era muito engraçado porque no meio das músicas tinha receita de bolo. Era um cadernão que a gente tinha em casa, e a Zilu também usava, então juntava tudo. Eu escrevia, cantava no violão, mas não acreditava nas músicas, achava tudo fraquinho, fazia por fazer.

Um dia, eu peguei um violão e comecei... "Todo dia do meu quarto / Eu a vejo mais bonita / Se arruma, se pinta / E sai / Mais um dia de sufoco / eu na rua, quase louco / pensando nela / Na cabeça, a sua imagem / No meu peito uma vontade / De ser o homem dela..." Eu fiz essa música, "Solidão", e achei tão bonita que pensei no Amado Batista, que vendia muito disco, vende até hoje. Mas o problema era que o Amado fazia muito sucesso e eu não tinha prestígio para chegar até ele. Fiquei dois anos com essa música guardada pra mostrar pro Amado, mas não consegui.

Nessa época, eu era muito próximo do Leandro e do Leonardo, a gente tinha vindo juntos pra São Paulo e assinado com a mesma gravadora. O Leonardo ficava toda hora pedindo: "Zezé, canta aquela música pra mim, acho boa demais". Eu cantava, todo inocente. Passava meia hora, ele pedia de novo pra eu cantar. Ele pediu pra gravar, mas eu disse que ia dar pro Amado porque precisava de um dinheiro, queria comprar um carrinho. Naqueles tempos, se o Amado Batista gravasse uma música sua, você ganhava um adiantamento de 150 mil, no dinheiro de hoje. Um dinheiro desse pra mim era ganhar na Mega-Sena.

Eu, o Leandro e o Leonardo estávamos gravando no mesmo estúdio, então todo dia rolava uma moagem depois no hotel, e o Leonardo pedia pra eu cantar "Solidão". Um belo dia ele perguntou: "Zezé, como é aquela parte da letra mesmo?". Eu respondi, e ele anotou num papel. Aí eu perguntei: "Por que você está anotando isso aí?". "Porque eu fiz o playback dela, vou por voz amanhã", respondeu. Pois é... "Eu não acredito que você está fazendo isso comigo, Leonardo", eu disse pra ele. Mas não teve jeito, aí entreguei pra Deus.

Rapaz, quando eles lançaram esse disco... A música estourou, foi o primeiro disco de ouro deles. O Leonardo tem um coração... Quando perguntavam: "De quem é essa música?", ele sempre falava: "É do Zezé Di Camargo, você tem de ver ele cantando, ele canta pra caramba". Aí o pessoal começou a vir em cima de mim pedir minhas letras, e eu comecei a ler o meu caderninho. Pensei: "Sabe que esse negócio aqui é bão?"

Zezé já tinha uma longa carreira solo e em dupla, mas só chegou ao sucesso com Luciano.

Assim como Michel, Zezé tem a sanfona como seu instrumento preferido.

(risos). Começou a entrar um troco e tive músicas com Chrystian & Ralf, Matogrosso & Mathias, Duduca e Dalvan. No final dos anos 1980, com o direito autoral dessas composições, comecei a arrumar minha vida. Até gravei dois discos solo, mas estava meio desiludido com esse negócio e ia ganhando um dinheirinho como compositor.

Teve um dia que o Leonardo foi fazer um show na Caravana do Bolinha. Fui lá pro fundo do ônibus e comecei a cantar sertanejo, só os sucessos da época, e o Bolinha ouvindo. Aí o Bolinha chegou em mim assim e disse: "Ô, menino", com aquela voz rouca que ele tinha. "Você tem de fazer uma dupla sertaneja, viu?". Falei: "Não joga essa praga em mim, não, Bolinha. Pelo amor de Deus". Eu estava decepcionado com dupla sertaneja.

Zezé era figura conhecida entre os sertanejos no final dos anos 1980. Por mais que não tivesse conseguido destaque nacional, ele tinha seu grupo de fãs, tocava bem nas rádios e fazia alguns programas de televisão. Apesar de a consagração ter vindo após o primeiro disco ao lado de Luciano, Zezé sentiu o gosto do sucesso. Onde? No Acre.

Zezé Di Camargo: Como cantor solo, eu estourei só em um lugar: no estado do Acre que, naquela época, tinha doze municípios. Eu cantei nos doze municípios e umas oito vezes na capital, em Rio Branco.

Foi uma mulher a responsável por isso, ela chamava Rita, de Fortaleza. Ela não era nem empresária, o marido dela que era. Ela me falou assim: "Eu trabalho com venda de roupa em Rio Branco e conheço o pessoal lá de rádio e televisão. Se você me arrumar uns cem LPs, eu estouro você no Acre. Coloquei os cem LPs na mão dela na hora e ela sumiu. Dali uns três meses, a Rita me ligou: "Você está estourado aqui no Acre". Eu falei: "Você está brincando". Ela falou: "Estourado. Se você chegar aqui, o povo vai rasgar você

Amigos

O especial *Amigos* foi uma série de shows que a Rede Globo transmitiu em suas programações de fim de ano entre 1995 e 1998. O projeto era liderado por Chitãozinho & Xororó, Zezé Di Camargo & Luciano e Leandro & Leonardo. As duplas se revezavam no palco, cantavam canções umas das outras, e os cantores também se alternavam formando outras duplas. Os shows abriam espaço para convidados, mas se mantinham sempre concentrado nas três duplas.

A última edição do especial foi realizada sem Leandro, por conta de seu falecimento, e por consenso decidiu-se que não deveria ser buscado um substituto.

Se em outras épocas havia dificuldade de conseguir espaço no Rio de Janeiro, as três duplas mostraram que os tempos haviam mudado. A conquista de um especial de fim de ano na Globo, pensado e articulado pelos próprios artistas, foi uma das principais vitórias da música sertaneja nos anos 1990.

No ano seguinte após o último especial, os mesmos artistas apresentaram um programa semanal chamado *Amigos e Amigos*, que recebia artistas convidados de diferentes gêneros musicais.

no aeroporto!". Era meu sonho. Naquela época, rasgar roupa do artista era coisa pra Sidney Magal, era a febre do momento.
O pessoal de lá então me contratou pra fazer um show. Eu estava morando em Goiânia e me mandaram passagem aérea, que não era comum. Quando o avião desceu, tinha gente me esperando, aquelas mulheres todas no aeroporto... Pensei: "Será que é pra mim?". A pessoa que me vendeu, pegou uns vídeos meus no programa do Bolinha e pôs como comercial na televisão. Aí eu escutei o cara falando assim: "Acaba de chegar à capital do Acre o cantor Zezé Di Camargo para uma grande noitada no Barracão do Quinze". Quando eu ouvi isso, já dei uma estufada no peito. Tenho uma gratidão enorme porque foi no Acre que eu ganhei dinheiro pra fazer minha mudança pra São Paulo, pra pagar meu primeiro aluguel em São Paulo.

Era hora de encontrar Luciano, que nos esperava ali perto, em sua casa, em um condomínio em Santana de Parnaíba. Antes de começarmos a história da outra metade da dupla, fica aqui um caso que poucos sabem: como é que Mirosmar José de Camargo virou Zezé Di Camargo?

Zezé Di Camargo: Na época que eu formei dupla com o Zazá, a gente queria escolher um nome simples que até criança pudesse decorar. Pegamos uma cartilha de alfabetização e fomos procurando alguma coisa fácil. Tinha B+O = BO + L+A = LA que é igual a BOLA, lembra? Aí na parte de estudar as vogais, ele escolheu Zazá. E o que viria depois de Zazá? Eu escolhi Zezé. E assim ficou.
A gente cantou muito tempo junto, mas chegou uma hora que eu quis separar. Quando ele percebeu que eu ia mesmo cair fora, registrou o nome Zazá e Zezé, e me avisou que eu não poderia mais usá-lo. Aquilo acabou me ajudando. Eu contei essa história pra Fátima Leão (cantora e compositora), que era minha comadre e vizinha. Ela virou pra mim e disse: "Por que é que você não usa o Camargo, que é do seu nome?". Aí eu falei: "É mesmo, Zezé de Camargo". Aí ela disse: "Põe um 'i' pra ficar chique, é meio italiano". E ficou Zezé Di Camargo.

Welson David de Camargo nasceu em Pirenópolis, Goiás, na mesma cidade do irmão. Sem a vaidade comum a artistas, afirma ser o maior fã de seu parceiro. Passou a se chamar Luciano aos dezessete anos, após algumas tentativas de criar um nome que soasse bem ao lado de "Zezé Di Camargo".

Luciano: Eu morava em Goiânia, estava com dezessete anos. Eu liguei pro Zezé e menti pra ele que estava cantando. Eu ficava com muita saudade do meu irmão, aí eu liguei e falei: "Olha, eu estou cantando". E ele: "Ah, é? Quero ver se você está cantando mesmo".

Zezé Di Camargo: Eu morava em São Paulo, fui passar o final de ano em Goiás e disse pra ele: "Você está cantando mesmo? Então vou te dar uma lição. Semana que vem eu vou voltar aqui e se você der conta de fazer a segunda voz dessa música direitinho, vai gravar comigo". A música era "Cara ou coroa", do Menudo, que eu imaginava em dueto. Pensei em pôr o Luciano pra participar dela, porque eu ia gravar mais um disco solo. Voltei depois de uma semana, e ele disse que estava pronto. Aí, na hora em que ele estava cantando, modulei na sacanagem pra ver se ele saía do tom, mas ele foi direitinho.

Luciano: Quando ele mudou, eu fui! Fui certinho. E aí ele falou: "Você é uma pedra, é uma joia que precisa ser lapidada".

Zezé Di Camargo: Pensei: "Em vez de gravar uma música só com o meu irmão, eu vou gravar é um disco inteiro. O cara tem dezessete anos, vou moldar ele, vou pôr ele do jeito que eu quero, sem vício nenhum. Moleque novo, boa pinta, bonito. Vou gravar com o meu irmão".
Voltei pra São Paulo e disse pra ele: "Pede licença do banco daqui uns quinze dias e vai pra São Paulo ficar em casa". Ele trabalhava num banco na época. "Vou organizar na gravadora, definir o que é que eu vou fazer com o disco, e você vem pra gente ensaiar".
Vim pra São Paulo num sábado. Não tinha ido à gravadora ainda, nem desfeito as malas direito, o telefone tocou e era ele: "Ô, Mira, tá bão? Estou aqui pra você vir me buscar". Aí eu disse: "Te buscar? Acabei de chegar de Goiânia". Aí ele respondeu: "Não, eu estou na rodoviária em São Paulo". Aí pensei comigo "meu Deus do céu, esse moleque é doido. Que confusão ele arrumou pra minha vida". Eu estava casado, com duas filhas, um apartamentinho pequeno. Era um quarto meu e um quarto das crianças.

Luciano: Como o mais velho, ele sempre teve essa coisa de proteção com os irmãos. Mas dividir uma casa que era, poxa, minúscula, né? Eu tirei toda a privacidade que ele tinha junto com a esposa, mas os dois me aceitaram como filho e me ajudaram. Se hoje nós contamos uma história juntos, isso só aconteceu porque ele teve paciência e generosidade de falar assim: eu quero dividir a minha história com o meu irmão. Ele já estava compondo, tinha contrato pra gravar sozinho, poderia ter gravado sozinho, poderia ter sido egoísta, ter almejado o sucesso só pra ele, mas não, ele quis dividir o que ele sonhava comigo. E aí se transformou num sucesso.

Zezé Di Camargo: Eu tinha talento, já estava na música há muito tempo. Mas ele chegou com o estilo dele e eu comecei a me olhar de uma maneira diferente.

Desde 1991, Zezé e Luciano emplacam hits anualmente e lotam shows por todo o país.

O Luciano trouxe aquele frescor do jovem, da irresponsabilidade boa de não ter compromisso com a vida. Comecei a observar até o jeito de ele se vestir. Eu com aquele cabelão, parecia jogador argentino, cafona, e ele com o cabelo curtinho, deixava a meninada empolgada. Ele botava uns blazers modernos, umas coisas mais estilosas, e eu vestindo ainda aquelas jaquetas com franja (risos). Aí pensei comigo: "O caminho certo é o desse moleque, em vez de ele me copiar, eu vou copiá-lo". Gravamos o primeiro e o segundo discos, no terceiro eu fiz um corte de cabelo pega-rapaz, como dizia na época.
O grande mérito do sucesso do Zezé Di Camargo & Luciano foi a coragem, o atrevimento do Luciano. Ele veio, jogou a responsabilidade na minha mão, e eu tive de fazer algo. O meu compromisso era o de gravar um disco que vendesse 60 mil cópias. Quando você vendia 60 mil, você garantia contrato para o segundo disco.

Luciano: Quando nós fechamos o contrato com a Copacabana, o Zezé chegou pra mim e disse: "Nós fechamos um contrato pra três discos. Se Deus quiser a gente vai gravar o primeiro, vender umas 50 mil cópias...". Eu falei: "Não, Zezé, nós vamos gravar e vender 1 milhão de cópias". E, realmente, foi um 1 milhão de cópias. "É o amor" vendeu por volta de um 1 milhão e 700 mil cópias. Só no ano de lançamento foi um 1 milhão e 100 mil!

Zezé Di Camargo: Eu achava graça quando ele falava isso. Em um mês, a música tinha vendido 114 mil discos. Em dois meses, foram 250 mil, disco de platina. Nós chegamos a ter onze discos seguidos vendendo uma média de 1 milhão e 800, um 1 milhão e 900 cada disco.

Zezé e Luciano viraram fenômeno de shows, rádio, televisão, revistas e vendas. Em meio a uma geração romântica de qualidade, deixaram de ser apenas músicos para se aproximarem do que se chama de popstars. A arrancada que a dupla conseguiu logo no início da carreira foi tão forte que o natural seria uma queda nos anos seguintes, mas a estrela era tão grande que, disco após disco, o sucesso se repetia.
Dando de ombros para o preconceito que ajudaram a derrubar, Zezé & Luciano, ao lado dos também já consagrados Chitãozinho & Xororó e Leandro & Leonardo, sabiam muito bem o que estavam fazendo e, principalmente, o que precisavam fazer para que aquela força toda do início dos anos 1990 não ficasse pelo caminho.

Zezé Di Camargo: *Amigos* nasceu e foi sucesso porque foi uma amizade que virou um programa. Não foi um programa que provocou uma amizade. Nós reunimos as três duplas e falamos: "Temos de fazer um especial, vamos fazer um programa pra gente". Sempre fomos antenados com tudo o que acontecia, sabíamos que um programa exaltando nossa música nos ajudaria muito.

LUCIANO: Não sabíamos pra quem iríamos apresentar ainda...

ZEZÉ DI CAMARGO: Decidimos que nós mesmos iríamos bancar e gravar. Iríamos à Globo, mas se ela não quisesse, iríamos pra outra emissora. A conversa era essa. Aí o Chitão e o Xororó sugeriram o (Aloysio) Legey pra dirigir, que tinha dirigido um show deles. O Legey falou: "Posso ajudar, mas só posso dirigir se for exibido na Globo. Posso mostrar pro Boni?". O Boni ainda era diretor da Globo. Ele chegou no Boni e disse: "Esse é o projeto deles e eles vão fazer de qualquer maneira. A Globo comprando ou não, eles vão fazer por conta deles". E o Boni respondeu: "Nem ferrando que isso aqui vai sair da minha mesa. Fala pra eles que a Globo vai bancar tudo. É da Globo". O nome Amigos veio do Legey. Foi aquele sucesso que todo mundo sabe.

LUCIANO: A parceria durou de 1995 a 1999. Primeiro, os especiais de fim de ano, e depois teve o *Amigos & Amigos* Foi um ciclo muito bom, mas ninguém aguentava mais gravar o *Amigos & Amigos*.

ZEZÉ DI CAMARGO: A gente cantava quinta, sexta, sábado e domingo. Tinha semana que gravava segunda, terça e quarta. A gente não dava mais conta, era uma canseira tremenda.

Os anos 2000 chegaram, mais uma nova geração de duplas sertanejas começava a se formar, e Zezé e Luciano seguiam firmes, sempre entre os mais tocados nas rádios. Era esperada certa estagnada da dupla, uma acomodação, afinal o primeiro sucesso havia sido em 1991. O que ninguém esperava era que, com quatorze anos de carreira, eles emplacassem outro sucesso. Desta vez, no cinema.

LUCIANO: O filme *Dois filhos de Francisco* foi uma parceria de muitos amigos. A ideia foi de uma menina, uma fã de Zezé Di Camargo & Luciano. Ela era filha de um dos diretores da Columbia Pictures e leu uma entrevista na qual eu e o Zezé falávamos que se pintasse um diretor, uma produtora pra fazer o filme, a gente toparia fazer. Então ela falou pro pai dela: "Por que você não chama Zezé Di Camargo & Luciano pra fazer um filme?". Ele mandou um e-mail, na época, para o presidente da Sony, que não ligou. Mas o vice, o (Alexandre) Schiavo, recebeu a cópia do e-mail e falou: "Opa, queremos, sim".

A história dos dois irmãos virou filme em 2005. *Dois filhos de Francisco* foi uma das maiores bilheterias do cinema nacional.

A música "É o amor" virou um hino nacional e conquistou fãs em todas as classes sociais.

Para resumir: fizemos a reunião com eles, e eu falei que gostaria que fosse um diretor sem vícios, que não tivesse feito muitos outros filmes. E caminhou para ser o Breno Silveira. Não tenho o que dizer para poder exemplificar o que foi o Breno na história do filme. Por exemplo: "No dia em que eu saí de casa" foi uma música que nós tínhamos gravado em 1995. Ele cismou com essa música e colocou os meninos atores pra ensaiar. E ela se tornou um grande sucesso dez anos depois de a gente ter gravado.
Eu vejo assim: quando a carreira de Zezé Di Camargo & Luciano parecia que estava estabilizando, de repente... aparece o filme. O Zezé até pensou em cancelar o projeto, a produtora começou a empurrar um pouco de lado, mas o Breno agarrou a ideia e ela foi pra frente.

Zezé Di Camargo: No ano em que o filme *Dois filhos de Francisco* foi lançado, o cinema brasileiro tinha tido uma queda de mais de 40% de público. Eu não tive medo, mas todos chegavam dizendo: "Poxa, como é que vai ser o lançamento?". Quando o filme foi lançado, o número do final de semana foi muito baixo perto do que todo mundo esperava, e eu acreditando tanto. Mas aí começou o boca a boca. *Dois filhos de Francisco* foi diferente nisso. Ele foi crescendo no boca a boca. De repente, estava em 6 milhões de espectadores.

Luciano: Só para explicar a história do nome do filme: a gente ia fazer nosso primeiro show em Goiânia, era um show de rádio, e o Zezé estava muito emocionado. Ele virou pra mim e falou: "Tenho certeza de que o Emival, nosso irmão, está junto da gente. Parece que estava escrito que tinha de ser com dois filhos de Francisco". Eu contei essa história pro Breno.

Zezé Di Camargo: A gente já estava acontecendo no Brasil inteiro. Eu comecei a lembrar do meu irmão e comecei a chorar. Chorava que não conseguia parar. O Luciano falando "calma, calma", e eu dirigindo e cho-

rando na Marginal Tietê. Eu disse pra ele: "Tenho certeza de que o Emival está aqui com a gente agora, o meu irmão está aqui conosco vivendo isso". Quando ele morreu, tinha onze anos de idade. Ele é um anjo. Eu cantei sozinho, cantei com duas duplas, toquei num trio, não apareceu nada... Falei: "Tinha de ser com dois filhos de Francisco".
As pessoas envolvidas foram muito felizes. Teve uma participação intensa do Luciano na informação, na base desse filme. Uma das coisas que eu fiz questão é de que ele assumisse essa parte. O Luciano é um cara que entende muito de cinema. Não de fazer, mas de saber o que está errado. Se ele for fazer um dia, vai dar certo.

Luciano: Nós guardamos a história do Zezé, não deixávamos ele ver nada. Ele me deu essa liberdade, então eu disse: "A única coisa que eu quero que você faça é a trilha sonora do filme". Fiz questão disso desde a primeira reunião que tivemos.

Zezé Di Camargo: Eu tinha certa resistência, achei que seria complicado essa coisa de criar, fazer arranjo, mas aí pensei que a gente poderia montar uma trilha com músicas que fossem marcantes nas nossas vidas, e não necessariamente nossas. A Paula Lavigne, que na época era esposa do Caetano Veloso, estava nos ajudando. Perguntei se o Caetano toparia gravar uma música pro filme, ela disse que ele adoraria, e me pôs pra falar com ele. Resolvi propor que ele fizesse a trilha comigo, e não só uma música. Como ele já tinha visto o copião, ele disse: "O seu filme é lindo, vou fazer com o maior prazer do mundo". O Caetano, com aquele conhecimento todo, é um ser humano muito generoso. Ele trabalhou na trilha sonora, na divulgação, fez de tudo. Pôs voz em música, cantou com a Maria Bethânia, pegou o Ney Matogrosso e mais um punhado de gente, e tudo isso sem ganhar um tostão, só por ter gostado do filme.

Entre 2006 e 2008, Zezé Di Camargo passou pelo momento mais crítico de sua vida profissional: sua voz, tão cultuada e copiada, começou a falhar. Ele se recusava a fazer cirurgia, tinha medo, e tentou diversas outras formas de retomar sua capacidade vocal, mas o quadro só se agravava. Em 2008, decidiu tratar, cirurgicamente, de um cisto nas cordas vocais que havia evoluído para um estágio mais grave.

Zezé Di Camargo: Pra gente cantar é sagrado. A voz é igual a perna para jogador de futebol. Se o cara quebra uma perna, pode encerrar a carreira. É a mesma sensação. Depois da cirurgia, eu tive um papo com o Ronaldo. Falei: "Pô, Ronaldo, já fiz tanta apresentação boa em televisão depois que eu tive o problema de

garganta, mas parece que eu não tenho o direito de errar". Eu fiz programas piores quando eu não tinha problema, às vezes por fazer ao vivo logo depois de chegar de um show, cansado. Ninguém falava nada. Hoje, qualquer coisinha que acontece no ar, é "ó, tá vendo aí?". Caem de pau. Aí ele falou: "Ih, Zezé, eu com um joelho só, os caras falavam que eu estava acabado. E eu com um joelho só, ganhei uma Copa do Mundo pro Brasil. Eu não podia cair em campo". Então, se você encucar com o que o povo fala, ainda mais com essa coisa de internet, fica louco.
O problema foi o seguinte: eu tinha uma rouquidão, coisa normal, gripe mesmo. A gente estava num período de showmício ainda, que o compromisso é fazer 45 shows em um mês. Peguei gripe, aquela rouquidão normal, e no outro dia, show de novo. Não tinha tempo de recuperar. Fui pegando o hábito de cantar usando a garganta, que é um jeito errado de cantar, pra compensar o que estava falhando. Fiquei um tempão assim, era resistente à cirurgia. Quando terminou a campanha política, que era em outubro, ainda tínhamos mais dois meses de show. Quando a gente entrou em férias, eu pensei: "Ah, um mês de férias, vou ficar bom". Voltamos a fazer show num centro de convenções lá de Goiânia, um show beneficente. Na terceira música, eu senti muita dificuldade pra cantar. Pensei: "Caramba, o negócio está aí, não foi embora, não".
Fizemos outro show, o mesmo problema. Demorei muito para entender que a mudança no jeito de cantar estava me prejudicando. Parei de usar o diafragma, era tudo na garganta, na voz, e aí você fica rouco mesmo. Perdi toda a manha de cantar, o solfejo, tudo, tinha de ser na força. Na quarta música, minha voz já tinha ido. Demorou um tempo pro reprocessamento de tudo isso aí. Fui a vários médicos, especialistas fora, fiz cirurgia, até entender que eu precisava voltar pra técnica de antigamente. Depois disso gravei quatro discos, inclusive o Double Face, mais complicado de cantar. O lado psicológico é terrível, passava noites sem dormir.

Luciano: A gente sofria junto. Eu ficava do lado dele e não tinha como ajudar, não tinha o que pudesse fazer. Eu via muitas vezes o Zezé como um passarinho enjaulado, sabe? Que fica remoído num cantinho. Víamos muito isso nele. Mas ele se superou. Serviu pra gente ver um outro lado. Poxa, nós não somos mais crianças. Uma hora a gente tem de, realmente, se reeducar, e o Zezé conseguiu isso. Essa força que ele tem, essa vontade de estar sempre cantando é um aprendizado para todos nós. Ele poderia ter parado seis meses pra ver o que estava acontecendo, mas olhava em volta e pensava: "Eu não consigo, não posso parar de cantar". A vida do Zezé é cantar, ele vive 24 horas isso.

Ao final da entrevista, pedimos que eles nos contassem qual era o segredo para que a dupla, com mais de vinte anos de carreira, continuasse em evidência. Responderam que a coragem de experimentar e a busca frequente por se reinventar musicalmente são fatores que os ajudam muito, embora o ponto principal ainda seja a verdade que eles deixam transparecer para o público. Eles podem estar certos, mas talvez não percebam que a admiração mútua entre eles, mesmo com tanto tempo de convivência intensa, mesmo com brigas de irmãos, pode ser o grande responsável pela manutenção desse sucesso.

Zezé Di Camargo: Eu falo que o Luciano foi o grande talismã na minha vida. Se não fosse ele, eu não estaria aqui. Batalhei a minha vida inteira, mas as coisas só deram certo no dia em que ele entrou na minha história.

Luciano: Se você me pedir "canta uma música de quando ele cantava em dupla em Goiás", eu canto. Lembro muito mais que ele. Sou fã, acompanho a carreira do Zezé desde o início, ouvia tudo. Ele sempre foi importante pra minha família, pra mim, e se tornou importante pra música brasileira, como compositor e como cantor. Pra mim, é um orgulho cantar com ele.

Mesmo quando teve um problema na voz, entre 2006 e 2008, Zezé não abandonou a música.

Nome
Zezé Di Camargo e Luciano

Local e data de nascimento
Ambos de Pirenópolis (GO) - 17/08/1962 e 20/01/1973

Maiores sucessos
"É o amor", "No dia em que eu saí de casa", "Faz mais uma vez comigo"

Victor & Leo

o sertanejo como grande negócio

Fernando & Sorocaba

Victor & Leo e Fernando & Sorocaba são os principais arrecadadores de direitos autorais nos últimos anos no Brasil

A ideia de fazer um encontro entre Fernando & Sorocaba e Victor & Leo era para falar um pouco desses dois grandes compositores, Victor e Sorocaba, que são os principais arrecadadores de direitos autorais nos últimos anos no Brasil. Com estilos completamente diferentes, eles são um bom exemplo de como a música sertaneja é diversificada. O Sorocaba tem uma linha de composição mais popular, compondo os grandes sucessos do Luan Santana e da própria dupla dele, além de fazer a linha "empreendedor". Já o Victor tem aqueles papos mais de sertão, mais Renato Teixeira, misturados com uma sonoridade folk.

O Fernandinho é um grande valor que surgiu para somar, ele toma conta da parte de produções e arranjos, e o Sorocaba compõe e está a frente da parte empresarial, algo que vem dando muito certo. Victor & Leo também mostraram uma identidade forte. O jeito de eles cantarem é próprio, de compor, de produzir, ou seja, é uma dupla que surgiu para trazer muita coisa nova. Eles fizeram com que a música sertaneja desse uma virada para melhor com a musicalidade que apresentaram.

Fernando & Sorocaba e Victor & Leo são duplas musicalmente muito distintas, mas com características que as aproximam muito. Victor & Leo surgiram em 2006; Fernando & Sorocaba, em 2008. Desde 2010, Victor Chaves e Sorocaba (Fernando de Assis, seu nome de batismo) disputam o topo da lista de maiores arrecadadores de direitos autorais no Brasil. De perfis bastante diferentes, Sorocaba se destacou com a música de festa, com origem nas repúblicas, e Victor apareceu com a temática do campo, com o romantismo mais delicado e as canções mais puras.

Mundos diferentes, mas ambos os compositores com uma imensa popularidade. Victor e Leo moram em Uberlândia, Minas Gerais, estado de origem dos irmãos. Fernando e Sorocaba residem na loucura de São Paulo.

Sorocaba: Quando a gente não está em show, eu gosto muito de ficar no escritório. Eu fico aqui vendo o que tem de novidade, o que está ao nosso alcance pra gente fazer. O Fernando fica mais no estúdio, enquanto eu cuido do business em si. A ideia do escritório nasceu quando a gente entrou nesse meio e vimos que um grupo era mais forte do que estar só. Às vezes, um sujeito ligava no escritório e falava: "Quero show do Fernando & Sorocaba pro dia sete de setembro". Quando a data estava ocupada, eu dizia: "Não tenho, mas tenho o Luan", que era parceiro. Sendo um grupo, quando um

Além de cantar, Fernando produz os álbuns da dupla e de outros artistas.

artista não pode ir, o outro vai. Aqui no escritório estão Marcos & Belutti, o Lucas Lucco, e Thaeme & Thiago, além da gente. O sertanejo tem uma união diferenciada que gerou uma confiança no mercado.

Temos um time grande aqui. Algumas pessoas cuidam só do meio digital, outras ficam com a parte de vendas, de fã-clube, do financeiro, do jurídico. Eu estava fazendo um levantamento esses dias. Cada produto, entre equipe de estrada, banda, pessoal de divulgação e a turma do escritório, tem em torno de sessenta pessoas.

Se pegar o ranking das músicas mais tocadas hoje no Brasil, o sertanejo toma conta de quase tudo. A maioria dos shows feitos no Brasil é sertaneja. A gente tem a força das feiras agropecuárias, do agronegócio, e tudo isso impulsiona ainda mais a nossa música. Aliás, o sertanejo é o som mais tocado em rádio no Brasil. Então é a música do Brasil. As baladas sertanejas são as que mais bombam nos grandes centros também.

Os artistas sertanejos top 10 fazem, em média, 180 shows por ano. Com média de 10 mil pessoas por show, significa que cada artista leva 1 milhão e 800 mil pessoas por ano. Se somar os eventos públicos, dá 18 milhões de pessoas. É muita gente.

A nossa carreira sempre foi muito embasada na questão do show legal, de levar bom entretenimento. Tem de levar a boa música, mas também proporcionar um show bacana. Acho que a gente fica menos refém do mercado quando tem um show interessante. Não fica tão refém só de precisar acertar um hit toda hora.

A imagem de empresário que Sorocaba criou ao longo da carreira faz com que ele seja alvo de inúmeros artistas que buscam espaço. Sua primeira aposta nos bastidores foi em 2009, em um rapaz de dezoito anos, do Mato Grosso do Sul, chamado Luan Santana.

Sorocaba: Existem duas formas de o artista estourar. Uma delas é acertar no repertório. Você não faz nada mais do que já foi feito, mas acerta uma música atrás da outra e vai conseguindo se firmar. Outra forma, que

me parece mais interessante, é a conceitual. É o artista acertar um conceito diferente, um perfil que ainda não existe, explorar algo novo. É o caso do Victor & Leo, por exemplo. Eles apareceram com uma linguagem diferenciada, trazendo a galera da MPB pra música sertaneja, e marcaram o nome deles. O Luan é outro exemplo. Na época em que ele apareceu, trouxe o público mais jovem. Existe uma coisa meio saturada de gente fazendo as mesmas coisas. Quem traz novos conceitos é que faz, realmente, com que nosso segmento cresça.

Por sua vez, Sorocaba é responsável pelas composições e administra pessoalmente a sua carreira.

Além de cuidar da própria carreira, Fernando produz os discos da dupla. O dono da segunda voz passa boa parte do dia no estúdio que a dupla montou no térreo do prédio de três andares onde funciona a "FS Produções Artísticas". Por mais diferente que possa parecer, os cantores frequentam a empresa como se fossem funcionários comuns.

FERNANDO: Essa história de produzir começou lá atrás, quando o Sorocaba compunha e a gente dava corpo, arranjava as próprias músicas. Foi um processo de amadurecimento. A gente não esperava chegar tão longe. Hoje, tenho o prazer de trabalhar com Chitãozinho & Xororó, Rionegro & Solimões, já fiz trabalhos com o Luan, sem falar dos artistas aqui do escritório. A carreira foi crescendo, as coisas foram dando certo, até que chegou uma hora que a gente teve necessidade de montar um estúdio grande.

SOROCABA: Usamos também pra compor, mas a grande sacada é que, com esse estúdio, a gente está perto um do outro e troca muita informação rapidamente.

FERNANDO: No começo, a questão dos arranjos gerava muita discussão. Hoje, o Sorocaba me passa o que pensa pra música, e eu trabalho em cima disso. Eu acho que produzir nosso próprio disco define uma cara, dá uma identidade mais nossa, mais forte.

A dupla é formada por um paulistano e um rondoniense. Um filho da alta sociedade e um filho de trabalhadores do campo. Figuras de origens e criações diferentes que começaram a colher frutos do trabalho poucos meses depois de a parceria ter sido estabelecida.

SOROCABA: Eu nasci em São Paulo, na capital, mas me criei em Sorocaba. Me apelidaram no Paraná, quando eu mudei pra Londrina pra fazer faculdade de Agronomia. Sempre gostei tanto de natureza, de ficar no mato, que fui cursar agronomia, e me formei. Na propriedade que meu avô tinha em São Paulo, eu mexia com cavalo, vivia praticamente lá. O som que corria na fazenda sempre foi o sertanejo, era Chitãozinho & Xororó, Zezé Di Camargo & Luciano, João Paulo & Daniel.
Sempre gostei muito de música country americana. Comecei a fazer música nesse estilo, voltada pro povo que mexia com cavalo, tipo "Peguei o meu cavalo, fiz isso, fiz aquilo". Eu escrevia no saco da ração do cavalo mesmo. Como os funcionários da fazenda tocavam, eu fui me interessando por música.
Profissionalmente, tudo começou no Paraná. Eu tocava na universidade, para os estudantes nas repúblicas, fiz muitas festas por lá. O Paraná foi um embrião dessa nova música sertaneja. Toda festa, churrasco, reunião que tinha, mandavam chamar o Sorocaba. Até quando surgiu minha primeira dupla, chamava Marquinho e Sorocaba. O Marquinho era a bíblia da música sertaneja, sabia tudo, trabalha comigo até hoje. Depois eu fiz outra dupla com um cara chamado Cadu. Já tive pelo menos cinco duplas, mas esse negócio de formar dupla, desfazer e formar outra, me incomodava. Quando a gente conquistava alguma coisa, acabava. Aí eu pensei: "Vou criar Fernando & Sorocaba", que é meu nome

de batismo e meu apelido, e tratar como um projeto sério. Chegou a ter outro Fernando no início, mas não deu certo. Aí, por coincidência, eu conheci o Fernando, que chamava Fernando mesmo, e dali em diante as coisas caminharam numa velocidade acelerada.

Fernando: Nasci em Rondônia, vim de família pobre. Só que em vez de ir pra roça trabalhar, eu queria ficar debaixo do pé de manga tocando violão. Esse foi o meu sonho de infância. Saí de casa aos quinze anos, e não foi fácil. A coisa só melhorou depois que eu conheci o Sorocaba e começamos a cantar juntos.

Sorocaba: A gente se completa muito. O Fernando, musicalmente falando, está mil anos na minha frente: pra tocar o instrumento, executar um arranjo etc. Eu cuido das composições, de buscar um caminho, uma linguagem pra gente. A área que um não entende muito, o outro manja demais. Então é uma soma que dá muito certo.

Fernando: Fiz de tudo um pouco. Trabalhei em banda de baile, com todo tipo de música. Tocava violão, fazia segunda voz, o que precisasse. Toquei em bares também, mas aí era mais MPB. A minha primeira dupla chamava "Meninos de Rondônia", foi em Ji-Paraná, onde eu nasci. A gente conseguiu gravar um disco com ajuda de um amigo e ganhou passe livre de uma empresa de ônibus pra viajar e divulgar o disco. Tínhamos o passe livre para viajar, mas não tínhamos dinheiro pra comer. Então, a gente cantava no ônibus pra tentar vender o disco pros passageiros e ter dinheiro pra comprar comida. Eu vivi fases bem difíceis. Teve uma época em que fui morar em Minas Gerais com um amigo meu, o Marcelo. Dormia no chão do quarto, e eu lembro que tinha escorpião na casa. Eu molhava uma toalha e colocava na fresta da porta pra não correr o risco de um escorpião passar. Nunca me esqueço disso. Quem me apresentou pro Sorocaba foi esse mesmo Marcelo. Ele era músico também, e numa viagem ficou conhecendo o Sorocaba, que já tinha dupla na época, mas que não tava dando muito certo.

Sorocaba: O amigo dele falou sobre o Fernando pra mim, e nosso primeiro contato foi pela internet, em 2007. Eu fui até o Orkut da namorada dele, porque ele não tinha, me apresentei e pedi o telefone. Liguei, falei que o projeto valia a pena, e ele foi pra Londrina pra gente conversar, na época ele estava morando no Mato Grosso. A gente se acertou, pôs na cabeça que faríamos aquela ideia dar certo, e deu. Acertar é difícil, as cabeças não são iguais, geralmente cada um rema para um lado. No nosso caso, é até esquisito dizer, mas foi praticamente um casamento.

Victor e Leo nasceram em Ponte Nova, Minas Gerais, mas foram criados em Abre Campo, cidade vizinha. Toda a formação musical dos irmãos foi moldada na região, na tranquila e interiorana cidade que, hoje, tem 13 mil habitantes.
O nome Victor & Leo despontou em 2006, após nada menos que quatorze anos de carreira. A história dos irmãos lembra a trajetória mais tradicional de artistas sertanejos: ainda que sem passar dificuldades financeiras na infância, a dupla começou cedo, cantou para a família, foi a bares, gravou discos, ouviu promessas e passou por uma série de situações adversas antes de chegarem ao estrelato. Em vez de aproveitar um novo movimento sertanejo que surgia na época, que ficaria conhecido como "universitário", e se adaptar a uma nova realidade musical, Victor & Leo decidiram se manter firmes no estilo que sempre praticaram. Resultado: o mercado se adaptou a eles.

LEO: Nós cantamos três anos em São Paulo, sete em Belo Horizonte, e mais dois em Abre Campo.

VICTOR: Quando nosso trabalho começou a despontar, depois de a gente ter saído de Belo Horizonte e ido pra São Paulo, nós gravamos um disco ao vivo. O que a gente mais ouviu foi o seguinte: "A música sertaneja está em baixa. Nada mais vai acontecer, nenhuma dupla vai estourar, as rádios estão todas quebradas". Nós ouvimos isso várias vezes. Tinha gente que chegava no bar e dizia: "O som de vocês é legal, muito diferente, pena que a música sertaneja acabou". Na época, o funk tava com tudo. Então, nós começamos a pensar assim: "Quem disse que o nosso trabalho passou a existir pra ficarmos conhecidos ou sermos famosos? Vamos tocar o barco". Até o dia em que o Joca (conhecido executivo de rádio) ouviu o disco e falou: "Se eu soubesse que era isso, eu teria dito algo diferente do que eu disse. Isso é muito diferente do que eu possa ter ouvido antes entre duplas. Mas não sei daqui pra frente o que vai ser". E foi dali em diante, a partir das primeiras execuções daquele disco em rádio em 2006, que a nossa música acabou despontando.
As rádios, naquela época, entravam em contato com a gente e diziam o seguinte: "Manda a música pra mim, que ela está em primeiro lugar e eu nunca toquei". Foi assim com "Vida boa", "Fada", "Amigo apaixonado". Eu acho que o fato de termos feito nosso trabalho crescer de uma maneira natural é o que nos faz mais dignos.
Teve uma passagem que marcou a gente e que tem muito a ver com o fato de nós termos nosso estilo. Com treze anos, fui pra uma pescaria com meu pai no Pantanal. Era a primeira vez. Todo mundo ia de carro e caminhonete, uma grande aventura. Havia dois grandes destaques naquele momento: "A majestade, o

sabiá", com Chitãozinho & Xororó e Jair Rodrigues, que deu uma cor diferente pra música sertaneja, e uma dupla começando a fazer sucesso, chamada João Mineiro e Marciano. Tinha algo novo, então nós ouvíamos aquilo o dia inteiro. Era incrível. Nós tivemos diversas influências: rock, balada internacional, mas a música do campo estava na nossa cabeça. O nosso som nasceu de absorver coisas muito diferentes ao mesmo tempo. Creio que daí tenha vindo nossa essência musical.

Victor: A música que embalava a nossa paquera, as festinhas da época, era Trio Parada Dura, o grande lançamento do momento. Tinham as quermesses com as barraquinhas em Abre Campo, e ficávamos vendo aquela menina que a gente gostava passando, e no fundo tocando "meu grande amor, somos dois barcos tristes..."

Leo: Meu pai tinha um Fiat e vivia ouvindo Trio Parada Dura. Foi no carro do pai, dos tios, dos avós, que a gente pegou essa veia.

VICTOR: O nosso grande ídolo, o herói da infância, foi o Sérgio Reis. O disco "O menino da porteira" marcou profundamente o nosso lado lúdico.

LEO: Antes de a gente formar a dupla, quando íamos pro clube ou pra um jantar na casa de alguém, meu pai pegava o violão escondido e colocava no carro. Chegava lá no meio do jantar e falava assim: "Busca o violão lá". Aí o Victor: "Pai, não vamos fazer isso não, agora não, por favor", e o pai: "Pega o violão lá, vambora". Vou dizer que isso fez toda a diferença na nossa carreira. O tanto que o meu pai e a minha mãe forçaram pra gente cantar no início, quebrar a timidez. Isso foi realmente muito bacana. Depois de cantar em família, a gente pegava aqueles livretos com cifra, comprava aquelas revistinhas, e ia pra pracinha, ficava cantando horas ali. Juntavam os amigos e foi assim que nasceu a dupla.

VICTOR: Aliás, descobrimos dois, três anos depois que ali existia uma dupla. Porque a gente pensava que só cantava junto. "Vocês são dupla?" "Não, a gente só canta junto."

LEO: É verdade. Começamos a fazer show depois de um festival que participamos em Abre Campo cantando "Yolanda". Era o Victor tocando violão e eu com as duas mãos no bolso. Eu não me mexia, só mexia o olho de tanta timidez.

VICTOR: Chrystian & Ralf tinham gravado "Yolanda" e a gente ficava ouvindo a versão deles.

LEO: Depois disso, alguns donos de bares em Abre Campo começaram a nos convidar pra cantar. Cantamos até num conjunto chamado "Raízes do sertão". Teve uma vez que nós fomos fazer um show numa cidadezinha perto, chamada Granada. O repertório era pequeno, mas eu fiquei muito tenso. Estava tão nervoso que eu perdi a voz no dia do show. Aí eu cantava Chrystian & Ralf no tom original, Zezé Di Camargo & Luciano no tom original, Chitãozinho & Xororó no tom original. Na terceira música, eu não tinha mais voz. O Victor olhou pro sanfoneiro e falou: "Joaquim, é com você". E foi forró até o fim do show.

VICTOR: Naquela época, éramos tão imaturos que não sabíamos que deveríamos cantar no tom natural pra gente. Achávamos que era vantagem cantar muito alto, mas isso só prejudicava.

As boas lembranças da infância e a relação de carinho com a cidade só poderiam resultar em um retorno mais do que emocionante: um show em Abre Campo, em 2012.

Leo: Foi o show mais emocionante da nossa vida. A gente chorou o show inteiro. Não deu conta de cantar. Música mesmo não houve, só choro, foi demais. A cidade inteira estava presente. O que o cidadão abrecampense fez por nós naquele show não tem explicação! Foi um momento que vai ficar marcado pro resto da vida.

Victor: Quando a gente chegou naquele palco, toda a nossa história passava pela cabeça. Primeiro que, quando chegamos na cidade, a cidade já estava fechada e a rodovia virou um estacionamento. Veio gente do Brasil inteiro nos assistir, de Manaus a Porto Alegre.

Leo: A cidade parou mesmo. Foram colocados oito telões pela cidade pra todo mundo poder assistir ao vivo.

Victor: Os colegas de infância que estudaram conosco, emocionados, com seus filhos... Quando eu cheguei no palco, na abertura do show, a primeira faixa que eu vi era "Tonico está aqui" (avô já falecido da dupla) e a outra "Aqui foi onde tudo começou". Passou pela minha cabeça toda a nossa formação, não só como artistas, mas também como seres humanos, a ideia de bons valores, de ideologia, tudo nasceu aqui. Naquele momento eu estava diante do povo que representava isso e no lugar em que isso brotou. Foi uma emoção sem palavras.
Nosso avô foi um personagem muito importante na nossa história. Me lembro de que ele tinha uma radiola daquelas de madeira. Ele conservou isso a vida inteira, até morrer. Ele morreu em 2000. O sonho dele era que o Serjão (Sérgio Reis) autografasse um disco pra ele, mas ele não conseguiu. Até que a gente teve a oportunidade de encontrar com o Serjão e pedir: "Serjão, em memória do nosso avô, em algum lugar ele vai ver seu autógrafo".

Leo: A gente ouvia Sérgio Reis no colo do meu avô, dormindo. Tanto eu quanto o Victor, pequenininho, com cinco, seis anos de idade.

Victor: Durante o show, passou pela cabeça homenagear nosso avô com a música predileta dele, mas quando vinha a ideia na cabeça, a voz sumia. Não tinha como. Brotava água, a gente só chorava. A música era "Chico mineiro", que nos emociona até hoje.

Nos primeiros discos de Victor & Leo que fizeram sucesso, havia canções autorais antigas. Como os irmãos já somavam quatorze anos de estrada quando estouraram, tinham um acervo enorme de composições, principalmente de Victor, que poderiam ser utilizadas nessa nova fase. Um dos casos mais interessantes é

Domínio total

Apesar de comporem músicas sertanejas de estilos muito distintos, Victor e Sorocaba lideram o ranking de arrecadação de direitos autorais no Brasil.

Victor

1º lugar em

2008, 2009 e 2010;
2º lugar em 2011 e 2012

Sorocaba

1º lugar em

2011 e 2012
2º lugar em 2010

Fonte: Ecad

de "Deus e eu no sertão", que se tornou tema de abertura da novela Paraíso, *de 2009. Ficou marcada como um dos principais sucessos da dupla, mas havia sido composta em 1997, sem intenção alguma de ser gravada.*

Victor: Existem algumas canções que precisam da roupa certa. Ou até mesmo de tempo. Há vários artistas que, em seu tempo, não foram reconhecidos, e só foram compreendidos depois de muitos anos. As canções também são assim. Em determinado tempo, ela pode não ser entendida, mas depois será. Eu acredito que a vestimenta, no caso o arranjo, é muito importante. Nós gravamos "Deus e eu no sertão", ou até "Amigo apaixonado", num disquinho promocional em 1997. Dez anos depois, vestidas de uma maneira mais madura, elas se tornaram sucesso.

"Deus e eu no sertão" foi uma música que eu fiz por pura necessidade. Não passava pela minha cabeça gravá-la algum dia. É como aquele cara que fabrica uma cachacinha só pra família. Era algo da nossa essência, algo que eu precisava escrever, mas sem nenhuma pretensão de se tornar uma música nossa. Escrevi em 1995, um ano depois que a gente se mudou pra Belo Horizonte.

A primeira vez que a gente gravou, era para um disco promocional. Depois gravamos num disco mesmo. O primeiro disco foi em 2001. Tinha violinos, contrabaixo, teclado, um monte de coisa. No dia que gravamos de novo, no disco Borboletas, em 2008, a ideia foi a seguinte: vamos respirar. No dia que eu fiz, o que ela estava dizendo mesmo? Era isso aqui. Então foi um canal de violão, um de acordeão e um de bateria: só o bumbo e uma vassourinha. Apenas isso. Mais nada. E pusemos as vozes. Nem contrabaixo, nem teclado, nada. Ela é limpinha, purinha. E eu acho que era isso que ela pedia: a simplicidade com que ela foi feita. Acredito que isso seja maturidade. Com o tempo se amadurece, né? Aprendemos a vestir o nosso próprio trabalho.

No último disco da dupla, quem assina a produção pela primeira vez é Leo. Diversas canções também são assinadas por ele, deixando um pouco de lado o domínio que Victor exercia em outros projetos.

Leo: A ideia de assinar o álbum partiu do Victor, porque eu nunca fui de escrever. Mas comecei a compor há três anos, contar algumas vivências amorosas, do passado e recentes, claro, com a minha mulher. E, de repente, isso virou música. Eu não imaginava que isso fosse acontecer. Tinha lá no meu celular guardado e juntei com alguns amigos no violão e no piano. Mostrei um dia pro Victor e ele falou: "Olha, bicho, é diferente de tudo o que eu já ouvi. Segue nesse caminho. Produz o disco você, vai nessa linha". Tanto eu quanto o Victor temos uma característica de não se prender a mercado ou tendência. Acho isso fundamental.

Fernando & Sorocaba estouraram com "Paga pau" e Victor & Leo com a música "Fada".

Por isso, por mais que eu tenha assinado a produção, a produção é do Victor & Leo, minha e dele. Porque são 22 anos juntos. Tudo o que eu venha a fazer sozinho daqui pra frente, vai ter muito do Victor. E tudo o que ele vier a fazer sozinho, vai ter muito de mim.

Sorocaba: A época das repúblicas me ajudou muito como compositor, porque o pessoal te dá uma ideia na hora se aquilo está agradando ou não. Você vai apanhando até pegar o jeito, até entender o que é popular, qual o papo que as pessoas querem ouvir, o que é que o mercado está esperando. Eu sempre quis escrever música popular, falar pra multidão. E a prática acaba te ajudando a transformar as ideias em música.
Eu gosto de compor à noite. Eu sento na minha cadeira, pego o violão e a coisa começa por aí. Uma das principais perguntas que a galera faz em relação a composições, por exemplo, é porque eu não gravei "Meteoro". Eu falo: "Poxa, mas tinha a cara dele, a música tinha o perfil do Luan". É a questão de identificar

o papo, entender o público. Essa música combinava com ele, tinha o perfil dele. Acho que não faria o mesmo sucesso com o Fernando & Sorocaba na época. E a gente tinha outras músicas com a nossa cara como “Madri”, “Paga Pau”, entre outras, que foram importantes pra nós.

VICTOR: Pra mim diziam justamente isso: “Victor, você tem de compor algo comercial, essas músicas não vão rolar”. Foi quando eu fiz a “Vida boa”, de raiva. Eu estava em Belo Horizonte e a gente tinha gravado um disco promocional. As pessoas ouviam “Fada” e “Amigo apaixonado” e diziam: “Essas músicas nunca vão virar, vocês têm de cantar alguma outra coisa mais comercial”. Me deu revolta, sabe? Falei: “Vou fazer uma música sobre a nossa vida, mais simples até do que “Deus e eu no sertão”. Pensei: ”Vou fazer a música de um sapo”. Aí fiquei me lembrando da história que a minha avó contava, da carochinha, história do sapo, festa no céu. E foi essa música que as pessoas começaram a cantar e a procurar nosso disco. Nós ganhávamos sapos de presente.

Nome
Victor e Leo

Local e data de nascimento
Ambos em Ponte Nova (MG) - 15/04/1975 e 04/10/1976

Maiores sucessos
“Fada”, “Amigo apaixonado“, “Borboletas”

Nome
Fernando e Sorocaba

Local e data de nascimento
Fernando: Ji-Paraná (RO) - 21/04/1984
Sorocaba: São Paulo - 15/09/1980

Maiores sucessos
“Bala de prata”, “Paga pau“, “Madri”

Leonardo e Eduardo Costa

a faceta mais
romântica do
sertanejo

“O Leonardo conseguiu superar a ausência do irmão e tem uma das carreiras mais vitoriosas da música nacional”

O LEONARDO E O EDUARDO são figuras difíceis de explicar, dois caras com uma sintonia muito grande, que te fazem rir o tempo todo. Na série algumas coisas precisaram ser cortadas por causa dos palavrões, já que eles falavam besteira o tempo todo. Quando começamos a falar sobre os locais em que ambos tocaram no início de carreira, a palavra "puteiro" apareceu pelo menos umas vinte vezes. Por não ter como editar, as histórias acabaram não entrando no programa.

O Leonardo me influenciou demais no início da carreira, o primeiro LP dele com o Leandro marcou muito minha vida. Ele conseguiu superar a ausência do irmão e tem uma das carreiras mais vitoriosas da música nacional. O Eduardo também tem uma origem humilde, mas foi um cara que estourou de uma maneira diferente, por intermédio dos camelôs, que ajudaram a divulgar o trabalho dele. No começo, diziam que ele cantava igual ao Zezé, o que deve ter incomodado um pouco, mas com o tempo ele mostrou qual era a real identidade do Eduardo Costa. É um cantor de estilo próprio e com um público muito fiel.

Decidimos que juntaríamos Leonardo com Eduardo Costa muito antes da gravação de Cabaré, DVD de grande repercussão que os dois gravariam quase um ano depois. A ideia era pegar os dois principais representantes da música sertaneja "sofrida" para falar da vertente que mais vendeu discos até hoje em nosso mercado: a romântica.
Michel foi até Goiânia, passou de carro na casa de Leonardo, e de lá foram para Goianápolis, onde Leonardo nasceu, trabalhou na plantação de tomate e passou toda a adolescência.

LEONARDO: Eu nasci aqui pertinho, uma cidade chamada Goianápolis, onde vivi até os dezoito anos na plantação de tomate com o Leandro. Depois, nos mudamos pra Goiânia. Eu trabalhava numa farmácia e o Leandro vendia sapato no centro da cidade.
A dupla começou nessa época. Me lembro de que eu arrumei o nome. O motorista do meu patrão chegou e falou: "A minha irmã teve gêmeos, estou tão feliz". Perguntei: "Como é que eles vão se chamar?". Ele falou: "Leandro & Leonardo". Pensei: "Opa!". Achei o nome da dupla! Leandro e Leonardo era bem moderno pra época. Meu irmão gostou e disse que queria ser o Leandro. Aí eu virei o Leonardo.
Quando a família se mudou pra Goiânia, eu fui o primeiro a arrumar emprego. Meu pai e o Leandro faziam

a limpeza em lotes baldios da prefeitura. O basculante da prefeitura passava na porta de casa às cinco horas da manhã, eles subiam naquilo lá, com a foice nas costas, e iam roçar os lotes baldios em Goiânia. Na humildade, mas com saúde e fé em Deus que tudo ia dar certo. Mas cantar é bem melhor do que limpar lote baldio.
Nunca achei que seria cantor. Acho que o cara lá de cima falou: "Ó, vai você"! E o sucesso não demorou muito. A gente começou em 1983. Cantamos por uns três anos e em 1987 estouramos com "Solidão". Não foi aquele estouro pelo Brasil afora, mas já tiramos o pé da lama. Eu estava atolado até o joelho na lama, aí comecei a comer uma carninha, um bifinho melhor.

Leandro e Leonardo começaram a ficar conhecidos com "Solidão", em 1987, e se tornaram sucesso nacional dois anos depois com "Entre tapas e beijos". A canção "Solidão" era de um cantor e compositor conhecido no meio sertanejo na época, mas desconhecido do grande público: Zezé Di Camargo, que por alguma ironia do destino era o ídolo de Leonardo.

LEONARDO: Eu ouvi muito Matogrosso & Mathias, Trio Parada Dura, Milionário & José Rico, João Mineiro & Marciano e Chitãozinho & Xororó, que, apesar de ser pouco mais velhos do que eu, fizeram sucesso desde meninos, aí eu cresci ouvindo essas duplas. Quase ninguém sabe, mas quem teve uma influência muito grande foi o Zezé Di Camargo, meu amigo desde pequeno.
Eu trabalhava plantando tomate ouvindo Zazá e Zezé cantar. O Zezé com aquela vozinha... fiquei fã demais. Até lavar circo para ver eles cantar, eu já lavei. Eu e o Leandro chegamos no dono do circo e falamos: "Deixa a gente lavar esse circo, tirar essa poeira, lavar essas tábuas...". Eu não tinha dinheiro nem pra comer, ia ter para entrar no circo? A gente foi lavando e o circo lotando. Foi quando eu conheci o Zazá. O Zezé, eu só vi no palco. O Zezé era difícil de conhecer. Ele ficava escondido, era a atração. Era igual bola de índio. Existia, mas ninguém via.
Depois a gente se conheceu, ele se separou da dupla com o Zazá, e ficamos mais próximos. Eu, ele e o Leandro praticamente vivíamos juntos aqui em Goiânia. Teve um dia que nós três viajamos pra São Paulo para assinar contrato na gravadora 3M. O Zezé já foi [preparado] de cantor solo, todo arrumadinho, todo bonitinho. Ele é todo ajeitadinho, e a mulherada gostava dele. Nessa época, a estrela dele cantando solo não brilhou tanto. Até que apareceu a luz, que foi o Luciano. Acompanhei tudo de perto.

Apesar de as coisas terem caminhado aparentemente de forma natural para Leandro e Leonardo, a gravadora 3M fechou as portas quando eles haviam aca-

bado de lançar o disco que os tornaria conhecidos em todo o Brasil. Por pouco não foi por água abaixo aquele sucesso que viria alguns meses depois.

Leonardo: Quando nós gravamos a música "Entre tapas e beijos", a gravadora era a 3M. Ela fechou e mandou a gente embora. Tivemos de voltar para Goiânia, meio desempregado, e essa música não estava andando ainda. Já estávamos até trabalhando outra música, "Quem será essa mulher". Fomos para Uberlândia fazer divulgação em um programa de TV.
Tinham dez duplas e todas iam cantar "Entre tapas e beijos". Quando chegamos, os caras falaram: "Olha os meninos do 'Tapas e beijos'". A música estava estourada em Uberlândia, São José do Rio Preto, Ribeirão Preto. Aí a Continental, outra gravadora, comprou o casting da 3M e levou a gente, eu e o Leandro, graças a Deus. Nós mudamos a música de trabalho e em quinze dias fomos chamados para cantar no *Globo de Ouro* com a música mais tocada da semana.

Eduardo Costa se consagrou no estilo romântico através da música "Coração aberto".

Leonardo nunca fez questão de levar os méritos pelo sucesso ao lado do irmão. Por diversas vezes em entrevistas, brincou que não fazia absolutamente nada na dupla, apenas cantava. Todo o trabalho de bastidores, seja na produção musical ou no relacionamento com empresários e gravadoras, era feito por Leandro.

Leonardo: O Leandro tocou em banda de baile, ganhou muito conhecimento. Enquanto eu ficava na roça, ele andava por esse mundão, em bandas de baile. Só depois ele descobriu que eu também cantava e gostava de sertanejo. Eu ficava cantando na roça mesmo, tinha uma vergonha danada. Morria de medo de fazer sucesso, subir no palco. Até hoje eu tenho vergonha. Mas agora não é muita, não.
O Leandro fazia o papel do irmão mais velho. Eu não me envolvia muito. No dia de gravar, ele falava: "Pode vir que tá tudo pronto". Aí eu ia lá e punha a voz, ele ficava comigo até a hora de ir embora. Ele e o César

Michel e Leonardo visitaram a cidade de Goianápolis, onde Leandro & Leonardo nasceram e iniciaram a carreira.

Leonardo levou Michel a uma plantação de tomate, onde ele trabalhou antes de se tornar músico.

Augusto (produtor) trabalhavam juntos, tudo ficava cem por cento nas mãos deles. Apesar do trabalho de Leandro e de César Augusto, a lábia de Leonardo também ajudava.

Leonardo: Quando nós fomos pra São Paulo, a gente ficava no Hotel Jandaia, no centro da cidade. Naquela época, o pessoal levava música pra gente, como o Amado Batista, o Fábio Jr., o José Augusto. Todo mundo queria gravar com esses caras. Um dia, o Zezé apareceu com "Solidão" e disse que era para o Amado Batista, aí eu falei: "Que Amado! O Amado tem sucesso demais! Dá essa pra mim!". Ele: "Não, mas eu fiz para o Amado!". Eu falei: "Não interessa, eu quero". E foi nosso primeiro sucesso.
Teve outra assim, a "Desculpe, mas eu vou chorar". O César Augusto havia feito para o Fábio Jr. Quando o César me mostrou e chegou no refrão... "Vou chorar", eu falei: "Não, não! O Fábio Jr. já é ator, está rico, famoso. Dá essa pro coitado do goiano aqui!". Ele deu ela pra mim, e eu, pau! Sucesso.

Uma pausa para apresentar o outro convidado. Eduardo Costa não é, mas é como se fosse, uma cria do Leonardo. Piadista, falador de besteira, cantador de moda romântica e muito popular. Eduardo nasceu em Belo Horizonte, mas foi criado em

Abre Campo. Ainda na infância, voltou a viver na grande BH, onde começou a trabalhar com música.
A união do "popular consagrado" e do "novo popular" nos interessava muito, assim como Leonardo se interessou por Eduardo Costa e o levou para seu escritório, Talismã. Após o passeio de carro, fomos até a casa do Eduardo, que morava no mesmo condomínio de Leonardo, para gravar o conteúdo bruto do programa.

O CD *Tempo* foi o primeiro lançado por Leonardo depois da morte do irmão.

Leonardo: Eu fui jogar bola na casa de um amigo meu e um cara falou: "Leonardo, mas esse disco seu que lançaram aí, que não botaram nome, que coisa linda!". Aí eu falei: "Disco meu? Lancei disco nenhum, não!". "Ah, para de mentir! Pra mim, você pode falar a verdade!" Eu falei: "Não, Zé. Que isso? Tá louco?". "Vem aqui no carro!" Entrei no carro e ele colocou a gravação. Aí eu falei: "Cara! Que coisa linda ouvir esse moleque cantando! Quem é?". Ele falou assim: "Não sei. Ué, não é você, não?". Era um disco pirata. "Não, não sou eu!" "É! É você ou é o Zezé Di Camargo!" Eu falei: "Não, não sou eu nem é o Zezé!". Fiquei encucado com aquilo.
Um dia, eu estava em Brasília e ouvi um carro tocando o mesmo CD. Eu fui lá e perguntei: "Quem está cantando?". O motorista respondeu: "Eduardo Costa. Ele está estourando por aqui".

Eduardo Costa: Meu pai sempre cantou. Nunca profissionalmente, mas estava sempre cantando em casa, minha mãe também, e eu ouvia as mesmas coisas. O Trio (Parada Dura), Gino & Geno e várias duplas que faziam mais sucesso regional, o André & Andrade, Irmãs Freitas, Os Filhos de Goiás, Carlito & Baduy. Foi justamente quando nós mudamos de Abre Campo, que é a minha cidade, para Belo Horizonte, que estavam surgindo essas duplas sertanejas dos anos 1990, que eram o Leandro & Leonardo, Alan & Aladim, Chitãozinho & Xororó.
Foi nessa época, com quatorze, quinze anos de idade, que eu comecei a cantar na noite, a tocar em barzinho,

Leandro & Leonardo

Leandro & Leonardo gravaram treze discos, além de uma série de projetos especiais, como álbuns em espanhol e um infantil. O primeiro sucesso nacional veio com "Entre tapas e beijos", presente no terceiro disco da dupla, de 1989. Ganharam destaque com o romantismo que dominaria as rádios populares na década seguinte, e se consagraram em meio ao boom de música sertaneja que o país assistiu nos anos 1990.

Antes de integrarem o programa *Amigos*, da Rede Globo, do qual participaram ao lado de Chitãozinho & Xororó e Zezé Di Camargo & Luciano, a dupla teve uma atração própria na emissora. Exibida nas noites de terça-feira, Leandro & Leonardo Especial foi uma série de oito episódios que mostrou a história de vida dos irmãos.

Em abril de 1998, após sentir dores nas costas, um exame mostrou que Leandro tinha um tumor no pulmão. Tratava-se de um câncer raro, contra o qual o cantor lutou por pouco mais de dois meses. Leandro faleceu na madrugada do dia 23 de junho, em São Paulo, aos 36 anos.

a cantar em boteco. Não é que eu tenha virado cantor nessa idade, eu falo que eu nasci cantor. É que com essa idade eu comecei a ter chance de aparecer. Ganhava quase nada, quarenta, cinquenta reais, ganhava o que queriam pagar.
Pouco tempo depois, tive a chance de trabalhar com música na noite. Toquei violão para o Trio Parada Dura, fiz muito bailão, cansei de carregar a sanfona do Mangabinha. Eu tive oportunidade de conviver com meus ídolos, e convivo até hoje. É a mesma coisa com o Leonardo. O mais engraçado é que, quando eu encontro ele, a primeira olhada que eu dou ainda é aquela olhada de fã. Pô, é o Leonardo!
Eu conheci o Leonardo pessoalmente na porta da casa do fotógrafo Chico Audi, em São Paulo. Eu estava começando, mas o Leonardo já conhecia minhas músicas. Quando eu comecei, gravei meu primeiro CD em 2003, pela Velas Caravelas. Nessa fase, eu ouvia o tempo inteiro que eu não ia conseguir fazer sucesso porque não existia cantor de música sertaneja sozinho. Tinha o Leonardo, que veio da fatalidade, da perda do irmão; tinha o Daniel e o Sérgio Reis, que migrou do rock dos anos 1960, mas eu não queria montar uma dupla porque não concordava que a música sertaneja precisava ser cantada só em dupla. Nesse meu começo, eu não tocava muito no rádio. Tocava mais no porta-malas dos carros e na casa do povo.

Leonardo: E nos cabarés.

Eduardo Costa: E em puteiro. As minhas músicas sempre foram românticas. E, em puteiro, ou está tocando um forró ou algo bem meloso. No puteiro tem aquelas radiolas que você põe a ficha. Então, eu, o Amado Batista, o Leonardo... A gente é quase que contratado pelos puteiros do Brasil.

Leonardo: Mas não somos só nós. O Daniel, com aquela cara de pastor, vai bem na putaria também. Dessa turma mais nova tem o Jorge & Mateus, por exemplo. Mas o rei mesmo é o Eduardo Costa.

Eduardo Costa: Eu morei em puteiro. Gostei tanto que não quis mais ir embora. Chamava Jacutinga, pertinho de Juatuba, inteiror de Goiás. Quando eu comecei, cantava lá em Juatuba em dia de semana. Eu pagava aluguel, aí eu pensei: "Já que estou aqui no puteiro, tem cama sobrando... vou ficar!". E eu acabei ficando lá por muito tempo. No fim de semana, eu voltava para casa, mas de segunda a sexta eu ficava lá.

Leonardo: Até hoje é assim. Tem um bando de gente que curte música sertaneja em casa, no carro. Mas quando alguém pergunta: "O que você curte?", a resposta

Goianápolis homenageou o artista Leandro com um memorial na entrada da cidade.

é sempre igual: "MPB". Não tenho nada contra MPB, sou fã também. Na verdade, é esse povo metido que fala que música sertaneja é coisa de chifrudo. Esse povo elitizado é o que mais toma chifre no Brasil.

Se alguém não os interrompesse, Leonardo e Eduardo continuariam falando do preconceito contra a música sertaneja. Mas queríamos abordar a nossa principal questão: a música romântica.

Leonardo: Eu andava meio enjoado. A gente que é da roça não aguentava mais aquele negócio de música de raiz. Enquanto eu estou comendo raiz, o povo está comendo o fruto lá de cima. Aí eu pulei para o outro lado.

Eduardo Costa: As duplas sertanejas começaram a cantar o que o Fábio Jr. e o José Augusto já cantavam, mas colocando uma segunda voz.

Leonardo: Até hoje eu adoro gravar música do Amado Batista, pegar aquela música que não tocou no rádio, o lado B que não tocou em lugar nenhum. O Leandro era invocado e queria fazer dueto de Simon & Garfunkel. Teve muita influência externa, até mesmo do próprio Roberto Carlos.

Eduardo Costa: Eu sempre tive preferência pela música romântica, mais melosa. Não é uma opção só pensando na venda de CD, dos shows... Sempre gravei músicas que me agradavam antes de agradar o público. Quando você canta uma música que você vai interpretar de uma forma que vai te agradar, com certeza as pessoas que vão ouvir vão entender. As pessoas sabem quando é verdadeiro. Eu tenho uma cabeça bem aberta. Leonardo e eu não temos preconceito musical. Música boa é música boa, não tem conversa. Claro que a gente tem preferência pela música sertaneja, porque faz parte da nossa origem. Nós não somos apenas cantores sertanejos, nós somos sertanejos também, somos caipiras.

Leonardo: Eu gravo o que eu gosto e sempre procuro

interpretar a música que gravo falando diretamente ao coração do fã, ou de quem vai ouvir no rádio. A música nada mais é do que uma pregação, você está pregando no ouvido de alguém. Se você não pregar bem ali, ela não vai ficar. Então a gente canta direcionado para a cabeça e para o coração de quem está ligado no rádio. Procuro fazer com o maior respeito do mundo, não deixo nada mal gravado. Vou de Goiânia a São Paulo para refazer alguma coisa.

Sempre em 23 de junho, data da morte do cantor, fãs participam de uma cavalgada para visitar o memorial.

Tínhamos a intenção de usar o episódio para falar do Trio Parada Dura. Um dos principais nomes da nossa história, o Trio consagrou uma nova maneira de falar de amor: sofrendo. Não há um artista dos anos 1980 em diante, da linha romântica, que não teve o Trio como influência direta. E o Eduardo Costa trabalhou com eles.

Eduardo Costa: Na época em que eu passei de pintinho pra franguinho, com sete, oito anos de idade, o grande sucesso da música sertaneja era o Trio Parada Dura. As primeiras músicas que eu aprendi a cantar eram dele. Eram imbatíveis.

Apesar do bom humor presente em praticamente toda a conversa, era inevitável falar sobre a perda do Leandro.

Leonardo: Foi rápido demais... Foram apenas três meses da descoberta da doença para a morte do Leandro. Eu tinha me preparado para o que ia acontecer, porque, num primeiro momento... Tá certo que quem leva é Deus, mas o diagnóstico que os médicos deram tinha me preparado para o pior.
Meu mundo desabou. Os pés saíram do chão e eu pensava: "O que é que eu vou fazer agora? Cantar, eu não vou mais!". Fiz alguns shows sozinho, enquanto ele estava internado, e era muito ruim. Mesmo assim, com a ajuda do povo, quando acabava o show, eu punha a cabeça no travesseiro e pensava: "Meu Deus do céu". E aconteceu.
Eu fiquei uns tempos sem cantar. Mas o povo pedia,

Leonardo levou Michel para conhecer a casa onde ele nasceu.

até minha mãe, meu pai, meus irmãos... O povo mandava cartas... Até que, um dia, o Aloysio Legey, que era diretor do programa *Amigos*, me ligou e disse: "Vamos para Paris, vai ter um show da Globo lá". Era uma coisa apoteótica, uma festa muito grande. Aí eu falei: "Não, não vou não, não dou conta de cantar". Ele falou: "Eu não quero que você cante, eu quero que você vá. Lá você decide se vai cantar ou não". Aí fui eu, Zezé, Chitão, Sandy & Junior, Ivete Sangalo...
Topei cantar, só que na hora que eu entrei, a música era "Força estranha". Ela é doída para cantar até quando você está bem, e eu estava passando por aquele momento difícil. Dei três passos no palco e a voz acabou. Aí veio o Chitão mais o Xororó e acabaram de cantar a música para mim. Daí pra frente o Legey falou: "Cara, você está no colo do Brasil". E eu voltei a cantar. A dor não acaba nunca, mas estou aí, graças a Deus, ao povo brasileiro e ao Leandro também. Ele não está aqui, mas deixou esse legado todinho pra mim.

Também precisaríamos falar do acidente de carro de Pedro Leonardo, seu filho, em 2012.

Leonardo: Eu tive duas cacetadas na vida: a morte do Leandro e o acidente do Pedro, que não morreu porque não era a vez dele. Deus não quis. São lições que a vida me deu, foi para me preparar. Estou preparado para qualquer cacetada que vier, porque a vida não avisa o que vai vir amanhã. Temos de estar preparados para o que possa acontecer. Não é porque eu perdi o meu irmão e quase perdi meu filho que não pode vir a acontecer outra tragédia na minha vida. Eu sou uma pessoa comum, como qualquer outra.
Mas hoje, olhando pra trás, a gente sabe que o que moveu todo aquele acontecimento com meu filho Pedro foi a fé do povo. Então eu aprendi que o homem sem Deus não é ninguém. Ele tem de ter uma família, tem de ter Deus no coração, estar perto de Deus. Estar perto de Deus não é viver na igreja. É fazer o bem para

as pessoas e não olhar a quem, não puxar o tapete de ninguém. Assim o coração fica em paz, sempre pensando positivo. Porque pode vir a acontecer mais uma vez. A gente pede a Deus que não, porque eu não sei se eu aguentaria outra paulada dessas.

Michel encerrou o papo com um assunto que havia gerado muita polêmica na imprensa, mas que aparentemente não havia muito fundamento. De 2011 em diante, Leonardo começou a dar declarações de que pretendia parar de cantar. Chegou a dizer que "tiraria o pé" quando completasse cinquenta anos, mas já passou disso e ainda segue na estrada, com a agenda cheia.

Leonardo: Ah, sabe o que é? Vai chegando o fim de ano, avião, viagem, hotel, a gente vai cansando. Aí você fica meio irritado e fala essas coisas. Eu quero diminuir, mas parar a gente não para, né? Tira uns meses de férias, descansa, depois volta com tudo. Aí no final do ano fala que vai parar de novo (risos).

Nome
Leonardo

Local e data de nascimento
Goianápolis (GO) - 25/07/1963

Maiores sucessos
"Entre tapas e beijos", "Desculpe, mas eu vou chorar", "Eu deixaria tudo"

Nome
Eduardo Costa

Local e data de nascimento
Belo Horizonte (MG) - 13/12/1979

Maiores sucessos
"Me apaixonei", "Coração aberto", "Amor de violeiro"

Milionário & José Rico

o sertanejo na época dos circos e a influência de outros gêneros

Foi uma experiência inesquecível homenagear essas duas lendas ainda em vida

Em 2015, perdemos o Zé Rico, um mito da música sertaneja, um sujeito incomparável, de voz e interpretação únicas. Foi uma emoção muito grande pra mim quando eu gravei com Milionário & José Rico. No dia, era visível que eu estava nervoso por saber que eu ia cantar com os caras. Foi uma experiência inesquecível fazer uma reportagem para contar um pouco da história dessas duas lendas, homenageá-los ainda em vida.

O Zé Rico era uma figura engraçadíssima, folclórica, e a gente acabava perdoando algumas coisas não muito corretas que ele fazia, como chegar sempre muito atrasado.

O Milionário e o José Rico são um exemplo de persistência, de batalha, de amor pela música. Vão deixar um legado imenso e uma história linda, repleta de conquistas.

Mj

Encontramos a dupla em um circo na cidade de Conchal, interior de São Paulo. A locação estava vinculada ao tema principal do episódio: o circo, um dos berços do sertanejo, no qual Milionário & José Rico começaram.

José Rico: O circo mandava na situação. Só que quem tinha nome chegava na frente. Uma vez nós fomos num circo e pagamos cartazes pra anunciar Milionário & José Rico. Aí nós chegamos lá e vimos aquela multidão. O Milionário me cutucou e falou: "Zé, eu acho que hoje não é nós aqui não, não é pra nós". Eu falei: "Mas o cara não colocou a propaganda?". Aí o Milionário falou: "Moço, faz favor um pouquinho... quem vai cantar hoje mesmo?". "É Milionário & José Rico". O Milionário olhou pra mim e deu uma piscada, como quem diz: "Acho que somos nós mesmos!". Aquilo me surpreendeu. Demos a volta por trás do circo e eu chamei o "peludo", que é aquele que trabalha no fundo do circo: "Quem vai realmente cantar hoje é o Milionário & José Rico?". "É o Milionário & José Rico!" O circo estava lotado, já não cabia mais o povo. A gente achava que era Léo Canhoto & Robertinho, porque tinha propaganda deles. Mas eles eram no dia seguinte. Zum, aquilo foi bom demais.

Michel foi dirigindo até a chácara do Milionário, em

Excêntrico, José Rico colecionava carros (mais de trinta) e tinha um castelo com mais de cem quartos.

Mogi Mirim. Detalhe: dirigindo um caminhão. Como Michel tem habilitação para conduzir automóveis pesados e a dupla tem diversas canções que falam da vida dos caminhoneiros ("Sonho de um caminhoneiro" e "Amante de estrada", por exemplo), a ideia se justificava.

MILIONÁRIO: Eu saí da minha cidade, Monte Santo de Minas, em Minas Gerais, com dezessete anos. José, meu irmão que era o chefão da casa, falou uma coisa que eu nunca esqueci na vida. Quando eu saí da porteira pra pegar carona no caminhão leiteiro e ir pra cidade, ele disse: "Hoje você vai sair da minha responsabilidade. Eu vou falar pra você que o mundo tem dois caminhos. Não preciso nem dizer qual caminho que você tem de seguir". Ele me deu duas pratinhas de cem réis. Com duzentos réis você comprava uma botina e uma calça. Aí eu peguei o caminhão e vazei.

Lá na roça, eu vinha da escola musical da minha mãe. Minha mãe era muito afinada, ela me ensinou a cantar. Às vezes, eu ia com meus irmãos cantar nos bailinhos, nas festas. Moleque, tinha oito, nove anos. Passava a noite inteira e não ganhava nada. Aí minha mãe falou: "Vou fazer um saquinho pra vocês, um saquinho de pano. Vocês vão à festa. Se mandarem vocês cantar, vocês cantam, mas tem de falar: "Canto, mas vai ter de me dar dinheiro". E a gente cantava. Chegava em casa na segunda-feira e ia contar as moedinhas. Dava dois, três, cinco cruzeiros na época.

Milionário é mineiro. Registrado Romeu Januário de Matos, já se chamou Mario Neto, Branco e Nequinho em outras duplas, e chegou a cantar como Tubarão ao lado de José Rico. Nascido em 1940, seus principais ídolos eram Tonico & Tinoco.

MILIONÁRIO: Um dia, minha irmã falou assim: "Sabe quem vai cantar no Circo Linguiça? Tonico & Tinoco". Eu fiquei louco. Naquele tempo a gente só ouvia rádio. Nós éramos pobres, eu andava dois quilômetros pra ir na venda ouvir o programa deles no rádio.

O programa foi gravado em um circo, local onde as duplas sertanejas se apresentavam no passado.

Eu entrei no circo... era tanta gente que o circo caiu. Metade da bancada caiu, ainda bem que não era a metade que eu estava. Nunca esqueci esse dia, eu tinha de nove pra dez anos. Ficamos uma semana, eu e meu irmão, trabalhando na roça quebrando milho e cantando as músicas desses homens.
O dia que eu consegui trazer o Tinoco pra dentro da minha casa, eu tive vontade de chorar. Era uma dádiva de Deus trazer o Tinoco na minha casa. Depois ele trouxe o Tonico também.

Em São Paulo Milionário conheceu José Rico, que já havia participado de outros projetos, tentado carreira com outros parceiros, mas que buscava também algo novo. Encontraram-se na "boca do lixo", na capital, ponto de encontro de artistas. Zé Rico passou, então, a morar com Milionário, e enquanto a carreira não decolava eles trabalharam como pintores.

Milionário: Era difícil. A gente tinha um sonho para realizar, e todo lugar que você chegava, estava o Zé Rico com aquela feiura dele. No nosso show é assim: tem 20, 30 mil pessoas cantando, e eu vou bonitão de chapéu, mas mais da metade do povo fica assim no Zé Rico, ó, olhando. Não sei o que eles veem no Zé Rico. O Zé Rico é um pernambucano que veio lá de São José do Belmonte, cresceu no Paraná e criou aquele estilão dele.

Léo Canhoto & Robertinho

Léo Canhoto & Robertinho começaram a cantar juntos em 1968. Na época, ambos já tinham anos de estrada, não se tratava de um encontro entre iniciantes.

Léo Canhoto, compositor já de destaque, defendia a ideia de que a música sertaneja precisava mudar, se atualizar, ficar mais próxima de outros gêneros populares.

Ao lado de Robertinho, ele decidiu inserir uma banda completa em suas músicas. Em vez de apenas uma viola e um violão, padrão entre as duplas até o final dos anos 1960, eles inseriram guitarra, baixo e bateria, influência da música americana e da Jovem Guarda, que já perdia força.

Mesmo com uma parceria que se desfez e voltou mais de uma vez, Léo Canhoto & Robertinho estão marcados na história como responsáveis pela grande virada da música sertaneja nos anos 1970, a mais importante de todas.

José Alves dos Santos é pernambucano, e ganhou o apelido de Rico por ter sido criado em Terra Rica, no Paraná. Como se houvesse algo escrito, a ostentação das joias em sua imagem fazia com que seu nome artístico tivesse mais sentido ainda. Tanto é que Milionário criou seu novo pseudônimo justamente para combinar com o do parceiro.
Saímos da chácara e fomos ao circo, onde nos encontraríamos com o Zé Rico. Não havíamos nos lembrado da fama do Zé de chegar atrasado aos compromissos. Segundo Milionário nos confidenciou, os atrasos eram, na maior parte dos casos, propositais.

JOSÉ RICO: Quando a gente fazia circo, nós chegamos a dormir debaixo do palco. Mesmo quando chovia. Começava a pingar e nós passávamos pra cima do palco. Botava um plástico, uma lona em cima e dormia em cima do palco mesmo. E tinha de ajudar a montar o circo. A gente queria tocar, ganhar alguns troquinhos, porque andávamos sempre no vermelho.

MILIONÁRIO: A vida de circo tem uma parte sofrida e outra parte gostosa que é isso aqui: um trailer, uma barraca, o cara fica à vontade.

O sucesso da dupla começou a ser formatado logo no primeiro disco, quando decidiram romper com o gênero que dominava a música sertaneja até então, a música caipira. Até o final dos anos 1960, as duplas utilizavam apenas uma viola e um violão, eventualmente acompanhados de uma sanfona. A partir dos anos 1970, com o surgimento de Léo Canhoto & Robertinho e com os próprios Milionário & José Rico, o gênero passou a aceitar influências de diversos cantos e estilos. Os tradicionalistas se incomodaram e criticaram, mas a tentativa de inovar deu certo.

JOSÉ RICO: A gente não pode fugir da realidade. A música brasileira é tão rica que vale a pena, de vez em quando, lembrar um pouco de cada coisa. A música gaúcha conta muito, a nordestina, é tudo música.

A mudança musical que eles ajudaram a promover vinha acompanhada, também, de um novo visual. As duplas caipiras seguiam um padrão mais sério, com roupa alinhada, e geralmente um combinando com o outro. Muito longe das cabeleiras, dos anéis e de todas as demais excentricidades de Milionário & José Rico.
Um ano antes de a dupla se formar, saía o primeiro disco de Léo Canhoto & Robertinho. Influenciados pelos filmes de bangue-bangue e abertos a outras influências musicais, eles foram fundamentais para abrir o caminho pelo qual Milionário & José Rico enveredariam dali a algum tempo.

O encontro com a dupla conhecida como "As gargantas de ouro do Brasil" foi um momento de pura emoção para Michel Teló.

"Estrada da vida", de 1978, se tornou um hino para a música sertaneja.

Léo Canhoto: Eu achava que a música sertaneja era muito bonita, mas ela estava vazia em termos de instrumentação. A gente tinha uma influência dos Beatles, de Roberto Carlos...

Robertinho: Eu peguei a época dos Beatles, tenho a coleção toda dos LPs deles. A gente foi muito pelos Beatles. No nosso primeiro disco já tem guitarra; no segundo, chamamos Os Incríveis (o Nenê e o Manito) pra fazer contrabaixo e bateria. A música sertaneja fazia sucesso. O pessoal gostava, mas tinha um pouquinho de preconceito. O sujeito entrava no carro, fechava as portas e ouvia música sertaneja escondido.

Para quem não é do sertanejo, Milionário & José Rico é a dupla de "Estrada da vida", principal sucesso da carreira deles, lançada em 1978. A canção deu origem ao filme de mesmo nome, que retrata parte da história dos cantores, dirigido por Nelson Pereira dos Santos. O filme teve grande repercussão e foi vendido para vários países.

José Rico: Em nosso primeiro disco, nós viemos com "De longe também se ama" e...

Milionário: "Dê amor para quem te ama."

José Rico: Isso. Depois veio "Águas da saudade", "Livro da vida" e "Jogo do amor". Depois é que veio "Estrada da vida", no quinto volume. Eu tive a sorte e a felicidade de compor essa canção. Ela firmou o Milionário & José Rico.

A ascensão dos cantores, por conta do sucesso da música, rendeu uma série de convites. Em 1980 e 1988, respectivamente, protagonizaram dois filmes: Estrada da vida *e* Sonhei com você, *nome de dois sucessos. O primeiro teve grande repercussão e foi vendido para vários países. Contava a história da dupla desde a época das vacas magras até o estrelato. O longa reproduziu de forma bem fiel o perfil de ambos: sempre duros, porém*

bem-humorados e esperançosos de que um dia a música lhes daria uma condição melhor. Estrada da vida *teve uma aceitação tão boa que a dupla foi parar na China, convidada para fazer um intercâmbio cultural.*

A série "Bem Sertanejo" foi gravada menos de cinco meses antes da morte de José Rico.

JOSÉ RICO: A gente não tinha nenhuma experiência com cinema. O Nelson foi muito generoso dando dicas, dizendo o caminho.
Fomos pra China por causa do filme. O sistema lá era mais fechado, a gente não sabia muito o que ia encontrar. Teve uma história interessante. Além de nós, foi um grupo da Rede Globo para filmar a nossa visita.

A morte de Zé Rico

José Rico faleceu em 3 de março de 2015, menos de cinco meses após o "Bem Sertanejo" da dupla ter ido ao ar. Voltamos à chácara de Milionário para que Michel tivesse a primeira conversa com ele após a perda do parceiro.

Milionário: Eu estava no rancho pescando e minha esposa me ligou: "Vem embora hoje que o Zé Rico morreu". Ela ainda pediu pra eu vir com calma, porque já não tinha nada que pudesse ser feito. Peguei minha caminhonete e vim dirigindo quase cem quilômetros sozinho, pensando na vida, mas a ficha não tinha caído.

Nos últimos shows, a gente via que ele não estava bem, tava caidão, devagar. Eu falava pra ele: "Zé, vamos parar pra você cuidar da saúde", mas ele sempre respondia que estava bem, que estava tudo certo.

Ele sempre foi essa figura que as pessoas conhecem, com anel grandão no dedo, a unha do dedinho pintada. A gente chamava todo mundo de "zum", mas as pessoas acabaram chamando ele mesmo de zum, quase um apelido.

Só posso dizer que eu tive ao meu lado, nesses 44 anos de dupla, a maior primeira voz da música sertaneja.

Eles foram filmando tudo o que viam e acabaram sendo censurados, o material foi recolhido, teve até multa. Tivemos de procurar a embaixada, explicar que era um intercâmbio cultural e que os jornalistas estavam documentando a nossa visita. Acabou tudo bem.

A história de que o Zé Rico construía um castelo havia mais de vinte anos era conhecida, mas também sabíamos que ele mantinha sempre os portões fechados, preservava muito o local, uma construção com mais de cem quartos. Não foi tarefa fácil conseguir entrar e fazer imagens lá dentro. Zé Rico começou a obra em 1992 e não tinha previsão para terminar.

José Rico: O castelo tem uma importância maior, é um objetivo na minha vida. Eu compus uma música que chama "Minha casa" e eu fiz essa casa pra mim. Demorei nove anos construindo a casa e, quando terminei, não tive a sorte, a felicidade de poder morar nela. Aí, eu desfiz e pensei: "Vou construir o meu castelo". Estou construindo esse castelo há quase 24 anos e ainda não terminei. Estou construindo o meu mundo. Eu tenho uma frase de uma canção que diz assim: "Eu pretendo construir o meu mundo, onde eu possa sorrir e cantar". Estou construindo pra mim porque eu não sei quanto tempo ainda Deus pode me conceder de vida.

Apesar da explicação (não muito esclarecedora, diga-se de passagem), havia algumas lendas a respeito da construção. Segundo uma delas, uma cigana, certa vez, disse ao cantor que ele jamais deveria finalizar a obra de sua casa, e sim mantê-la sempre em construção. Ele, no entanto, negou ao Michel, e contou outra de suas ideias mirabolantes, como se apenas a história do castelo não bastasse.

José Rico: A realidade é uma só: estou construindo uma casa com muito capricho na minha fazenda. Fiz o desenho de uma aeronave. Se avistar de longe, vai ver duas turbinas. No centro, asas... Você vai ver uma aeronave. É uma coisa minha.

Zé Rico tinha um estilo único: andava sempre com muitas joias, usava óculos escuros

... e pintava a unha do dedo mindinho (e só do dedo mindinho) com esmalte.

As canções são a grande herança que a dupla vai deixar. Foram elas que tornaram a dupla tão importante. Mas há o outro lado, repleto de lendas e histórias sem muito fundamento, embora engraçadas, que fez com que eles passassem a ser tratados como "figuras", colocando-os em um patamar mais diferenciado ainda. Ambos chamavam as pessoas de "zum". De tanto repetir, "zum" virou apelido de Zé Rico.

JOSÉ RICO: O Roberto Carlos, por exemplo, tinha "uma brasa, mora". O Pelé já falava assim: "Entende"? E aí surgiu o Zum. Zum daqui, Zum de lá, por acaso. Eu chamo todo mundo de Zum, é uma gíria. É porque, às vezes, a gente não lembra o nome das pessoas. Quando esqueço o nome do Milionário, eu chamo ele de Zum.

Além das joias e dos óculos, Zé Rico ostentava a unha do dedo mindinho da mão esquerda sempre pintada. A ideia partiu de uma conversa com a Roberta Miranda.

JOSÉ RICO: Fui no Jô Soares, que me lascou. Ele falou pra mim: "Zé, escuta... Zé, você é viado?" (risos). Aí, como não tinha o que responder, eu falei: "Somos, sim! Somos".

Há uma lenda de que a dupla não costumava falar entre si. Dos boatos de que a relação entre eles era ruim, surgiram histórias de que Zé Rico usava óculos para não ver o parceiro, e cantava com a mão no ouvido para não ouvir a voz do Milionário.

JOSÉ RICO: Rapaz, quarenta anos cantando comigo, quarenta e três anos, vai pra quarenta e quatro. Eu não aguento mais a voz dele no meu ouvido. Quando ele está desse lado, tapo o ouvido desse lado. Quando ele vira, mudo. Isso é apenas uma brincadeira. É retorno, né? Hoje tem fone...

Vale citar, no entanto, que nem tudo foram flores. No início dos anos 1990, em plena ascensão de uma geração liderada por Chitãozinho & Xororó e Leandro & Leonardo, a dupla se separou. O momento era das duplas novas, e a convivência já não era saudável.

Milionário: Paramos a dupla por três anos.

José Rico: Foi um pouco de desgaste. Paramos em 1991 e voltamos em 1994. Três anos de descanso sofrido porque o Milionário fez uma dupla e gravou disco, depois fez outra dupla e gravou também. Eu fiquei na minha carreira solo e tive a sorte de gravar dois discos. Em 1994, voltamos e estamos aí até hoje. Doido pra separar, mas não tem jeito por enquanto. Ainda bem que, eu com o Milionário, nós temos uma coisa de bom: nós não ensaiamos. Chegamos a passar três meses só ensaiando, mas não ensaiamos mais. O show é o ensaio pra gente.

O Milionário tem as atividades dele, eu tenho as minhas. Eu não entro no circuito dele e ele também não entra no meu. Nossa parte profissional é no palco e nosso diálogo é pouco. Agora, tem uma coisa: se um cara pensar em alguma coisa com o Milionário, eu estou na frente. Eu estou, ele sabe disso, e é assim também.

Nome
Milionário e José Rico

Local e data de nascimento
Milionário: Monte Santo de Minas (MG) - 09/01/1940 e
José Rico: São José do Belmonte (PE) - 29/06/1946

Maiores sucessos
"Estrada da vida", "Viva a vida", "Sonhei com você"

Sérgio Reis e Chrystian & Ralf

artistas de outros estilos que migraram para o sertanejo

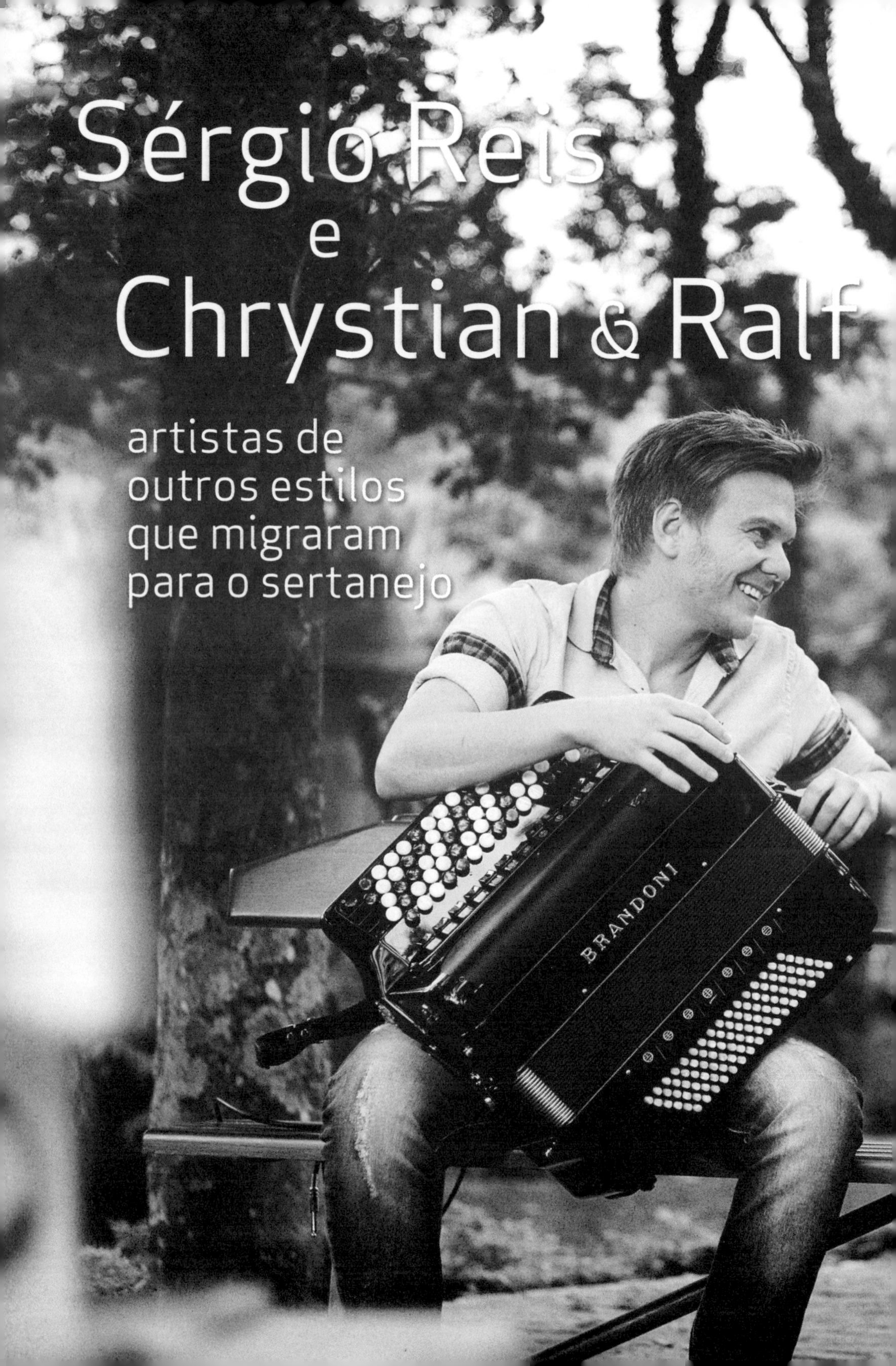

Chrystian & Ralf foi a dupla que mais ouvi na minha adolescência

É difícil falar de Chrystian & Ralf porque sou muito fã deles. Na minha adolescência, o Teófilo, meu irmão, e eu ouvíamos Chrystian & Ralf o tempo todo. Acho que foi a dupla que eu mais ouvi, a que eu mais coloquei o CD para tocar no carro.

No dia da gravação, eles ficaram surpresos com a minha admiração por eles. Eu lembrava músicas que eles mesmos não se lembravam, músicas que eles nem se recordavam que já haviam gravado. Foi inesquecível poder tocar sanfona nas modas pelas quais sempre fui apaixonado e ver a dupla cantando na minha frente.

Já o Serjão foi um cara que saiu da Jovem Guarda e trouxe coisas novas para a música sertaneja. Uma figura de enorme coração que continua guerreiro, trabalhador até hoje. Uma pessoa que tem sempre algum causo pra fazer a gente rir.

O que Sérgio Reis tem em comum com Chrystian & Ralf, além de serem grandes referências na música sertaneja? Por que um episódio com os três juntos? É que eles, apesar de gostarem do gênero, ganharam destaque em outros estilos para depois se transformarem em artistas sertanejos.

Sérgio Reis: Tem gente que fala: "Sérgio, você é um cara de Santana, paulistano, não tem ninguém no interior, por que gosta de sertanejo?". Eu acho que é o som da viola e o dueto. Sempre gostei desse som. Tenho uma violinha aqui em casa, ela tem 63 anos. Meu pai me deu quando eu tinha dez anos de idade, uma Giannini, toda quebradinha, e está até autografada pelo Tonico & Tinoco. Meu pai me ensinou a tocar violão nessa violinha. Por quê? Eu gostava de ouvir Tonico & Tinoco no rádio. Eles tinham um programa na Bandeirantes e cantavam assim: "Inté terça-feira, minha gente. Inté lá nóis vortemo aqui cantá".

Antes da Jovem Guarda, todo mundo cantava com nome americano, eu era o Johnny Johnson. Mas dei uma parada na minha carreira entre 1958 e 1963. Eu trabalhava na fábrica do meu pai, dos meus tios e do meu avô. Nós fabricávamos buchas para cartucho de caça. Mas aí o Tony Campello, que era produtor na Odeon, queria uma música pro Deny & Dino. Eles tinham uma música chamada "Coruja" e cantavam: "Coruja! Ah, ah,

Diferentemente de outros artistas sertanejos, Chrystian e Ralf foram muito influenciados pelo rock.

ah", com um agudo forte. O Tony encontrou o Antonio Borba, que era cantor, e falou: "Rapaz, eu preciso arrumar uma música boa pro Deny & Dino, eles estão estourados e eu quero outro hit!". O Borba disse para ele me procurar. O Tony foi lá na fábrica e disse que estava precisando de umas músicas com um agudo forte. Eu disse que já tinha uma pronta: "Eu só quero ver / Você sorrir / Não vejo a hora de perdão pedir / Você chorou, você sofreu / E o culpado sei que fui eu / Sei que fui eu / Tchuru tchuru tchuru tchuru ah ah ah ah". Eles gravaram essa música e foi o maior sucesso. Em um ano, eu gravei 84 músicas como compositor.

Eu tinha as músicas, mas não cantava. Aí um dia o Tony virou pra mim e disse: "Você está cantando bem. Vou te levar pro Milton Miranda pra ele ver. Acho que você tem de gravar. Vamos ao estúdio do Scatena pegar o conjunto Jet Black's e fazer quatro playbacks". Aí eu fiz "Coração de papel" e "Nuvem branquinha".

Depois disso, não preciso dizer mais nada, né? Quem me ajudou muito na época que eu gravava na Odeon foi o Chacrinha. Ele gostou de "Coração de papel" e nos programas de calouro, ele falava assim: "Quem cantar melhor 'Coração de papel' vai ganhar mil cruzeiros!". Aí vinham dez calouros, vinte, e cantavam. Se erravam, ele buzinava. "Abacaxi pra ele!" Todo domingo o pessoal cantava "Coração de papel". A música acabou estourando. Ao Chacrinha devo muita coisa, sou até vascaíno por causa dele. A Jovem Guarda estava no auge e eu estava estourado. Tinha o programa Astros do Disco, na Record, e eu ia todos os domingos cantar a música que estava em primeiro lugar, "Coração de papel". Era um barato.

Depois disso, eu fiz dois LPs de músicas românticas, todas minhas. Mas o destino já estava traçado. Minha mãe era Clara Reis Bavini. Eu cheguei como Sérgio Bavini na gravadora. Quem foi o diretor artístico que me batizou? Palmeira, da dupla Palmeira & Biá. E o outro diretor artístico foi o Teddy Vieira, que era o dono daquela viola que meu pai me deu quando eu tinha dez anos. Eles me batizaram Sérgio Reis.

A mesma mudança de estilo que Sérgio Reis promoveu na carreira aconteceria, cerca de uma década depois, na vida de dois goianos nascidos em berço sertanejo, mas que logo cedo procuraram novos horizontes para conseguir sustento.

A gravação do programa marcou o primeiro encontro entre Michel Teló e seus ídolos Chrystian & Ralf.

Ralf: Antes nós éramos uma dupla, mas o sertanejo não tinha o sucesso que tem hoje, era difícil. Afinal, a gente precisava comer. Eu fiz vocal por muito tempo, o que hoje se chama de backing vocal. Era profissional de carteira, trabalhava para dezesseis gravadoras. Tive discos lançados na Europa, ganhei discos de ouro no México. Tive alguns nomes como Don Elliot e Little Robinson. Os caras queriam gravar em português, mas eu nunca topava. Eu gravava em inglês, mas em casa ouvia Tião Carreiro & Pardinho, Trio Parada Dura etc.

Chrystian: Eu também fiz oito anos de vocal. Quando

O menino da porteira

A canção "O menino da porteira" foi lançada em 1955, por Luizinho & Limeira. Foi o principal sucesso da dupla, mas que ficou restrito ao meio sertanejo. Viraria hino, mesmo, dezoito anos depois, quando Sérgio Reis decidiu apostar em sua regravação.

O cantor, ao ouvir uma banda tocando a música depois de seu show, se espantou com a reação do público. Foi o estalo para que ele passasse a prestar atenção na canção, que havia sido composta por uma pessoa muito importante em sua carreira, o compositor Teddy Vieira, parceiro de Luizinho na composição.

Ao consagrar nacionalmente a canção, Sérgio Reis transformou "O menino da porteira" em uma das músicas sertanejas mais conhecidas de todos os tempos. A história da música deu origem a um filme, estrelado pelo próprio Serjão, em 1976, que ganhou um remake em 2009, com o cantor Daniel interpretando o peão Diogo, mesmo papel de Sérgio Reis.

Na cidade onde a história se passa, Ouro Fino, em Minas Gerais, hoje há uma estátua de um menino apoiado em uma porteira.

não tinha muito show e eu não estava gravando, ia faturar uma graninha fazendo vocal com o Ralf, nos estúdios em São Paulo. A gente já tinha tentado cantar em dupla e não tinha dado certo. O nome da dupla era Os Pássaros, mas acho que faltou alpiste.
Cantando em inglês eu me chamava Charles. A gente estava no corredor do estúdio e falaram pra mim: "Charles, tem um pedido da Globo para um tema de novela. Pelo que eles me falaram da música, é de um timbre parecido com o seu. Você não queria experimentar botar a voz na música?". Fui pro estúdio e gravei a música "Don't say goodbye" que entrou na trilha de *Cavalo de Aço* (1973).
A música foi um sucesso, mas a gente continuava sempre trabalhando. Um dia, nós estávamos fazendo vocal pro Gilliard na RCA. Tinha um diretor da gravadora, o Marcos Silva, acompanhando a gravação. Num intervalo, eu peguei o violão e nós começamos a cantar música sertaneja, que era o que a gente gostava. Aí ele se encantou e quis gravar um disco.

Ralf: Ele falava: "Vocês são uma dupla, têm de gravar sertanejo". A gente dizia que não era uma dupla sertaneja, mas ele insistia. Diretores de gravadora são assim: eles não sabem nada, mas sabem tudo (risos). Resolvemos não contrariar porque era difícil explicar. Como é que um sertanejo pode gravar em inglês, italiano, espanhol, tupi guarani?
Eu ouvia muito rock também, tenho tudo do Pantera, do Megadeth. Se você ouvir *Viajando pelo Brasil*, vai perceber essa influência. Cantamos uma música do Trio Parada Dura, "Telefone mudo", que começa com um rock que a gente criou. Até hoje eu ainda acho que se você não tiver nenhuma novidade, é melhor ficar em casa. Foi isso que a gente procurou fazer, uma coisa nova. O primeiro disco acústico sertanejo fomos nós que fizemos, em 1998, com aquela ideia de acústico bem produzido, com arranjos diferentes. Em arte, você precisa ter liberdade.

Chrystian: O repertório do primeiro disco foi escolhido com o pensamento de que tínhamos de mostrar para as pessoas que a gente conhecia a música sertaneja, que fomos criados ouvindo música sertaneja. Por isso, o repertório era sertanejo na veia.

Não podemos nos esquecer que Chrystian & Ralf são chamados, inclusive por outros cantores, de "dupla mais afinada do Brasil".

Ralf: Fazer vocal nos ajudou muito, é quando se adquire a técnica. Ninguém consegue cantar uma música toda afinada se não tiver técnica. Eu cantava com as meninas. Como comecei muito cedo, tinha de cantar no tom das meninas. Acabou que tudo que eu canto soltando o peito, não tem falsete, é o diafragma.

“Nova York” é uma música fundamental na nossa carreira. É aquela música que a gente sempre tem de cantar nos shows

Avessa à mídia, a dupla fez uma participação especial no programa, evento raro e precioso para os fãs.

Até hoje, às sete da noite, tenho um despertador que toca e eu começo a estudar por meia hora. A verdade é que sem técnica não tem jeito de ser mais ou menos afinado.

Vocalista não tem tom nem horário, nem rouco você pode ficar porque acaba perdendo o cachê. Se você precisa da grana, vai adquirindo as técnicas, como atingir às oito da manhã o tom de uma cantora que canta muito alto. Eu nunca fiquei rouco, não tive qualquer tipo de problema na garganta. O que eu tenho é asma, por isso é difícil me imitar.

Sucesso nacional com "Coração de papel" nos anos de ouro da Jovem Guarda, Sérgio Reis não imaginaria que seis anos depois de seu primeiro grande êxito, ele conquistaria novamente o país, desta vez com o interesse de um público bastante diferente, com uma canção que havia sido gravada originalmente em 1955.

SÉRGIO REIS: Fui fazer um show num baile de debutante, em Tupaciguara, perto do triângulo mineiro. Cantei "Menino da gaita", "Coração de papel", todas essas músicas da Jovem Guarda. Quando acabou, me despedi e

a banda continuou. Quando o guitarrista tocou a introdução de "O menino da porteira", as 2 mil pessoas começaram a cantar junto. Fiquei impressionado.
Eu saí de lá, fui pro hotel e liguei pro Tony Campello: "Tony, aconteceu isso, isso e isso. Estou com o sucesso de 'O menino da gaita', vamos gravar essa 'Porteira', porque vai ser um sucesso". Palavras de Tony Campello: "Grandão, banca o inteligente e faz que nem o Wilson Simonal". O Simonal testava a seleção do repertório pro próximo disco. No meio do show, ele enfiava as músicas. Agradava? Ele já separava.
Fui dar uns shows na boate Cafona, lá em Goiânia. Resolvi fazer o teste e tive de cantar "O menino da porteira" duas, três vezes por noite, todas as noites. Não tive dúvida: eu tinha de gravar. Coloquei "O menino da porteira" em um LP de música romântica. O primeiro sucesso dessa música não foi meu, foi do Luizinho, Limeira e Zezinha da sanfona. Era uma dupla com uma sanfoneira. O Luizinho era parceiro do Teddy Vieira.
Hoje tem uma porteira enorme, com sessenta toneladas de concreto, em Ouro Fino. Tem um "menino da porteira" apontando a cidade e a minha mão imortalizada no concreto. Virou uma atração. Tem mais de cinco anos, e ninguém nunca pichou. Ouro Fino é a cidade do menino da porteira.
No ano seguinte, fui novamente na mesma boate. Chegou um fazendeiro e me pediu: "Canta o João-de-barro". Eu perguntei se podia cantar no dia seguinte, pra eu ir atrás da letra e cantar direitinho. No outro dia, fui na loja de um amigo atrás da música. Sabe de quem era a loja? De um rapaz chamado Amado Batista, ele tinha quatro lojinhas pequenas de disco. A gente colocou o disco na vitrola, anotou a letra e à noite eu cantei. A música também era do Teddy Vieira. Gravei e foi outro sucesso.
O Teddy Vieira foi a minha vida. O Tony Campello foi muito importante também porque ele me levou pro disco novamente. Outra figura importante foi o Enzo de Almeida Passos. Ele tinha programa de rádio e foi quem me levou pra gravadora Chantecler.

O ídolo da Jovem Guarda e do sertanejo ainda teria mais uma faceta ao longo da vitoriosa carreira: o de ator de novela e de cinema.

Sérgio Reis: Fiz quatro novelas, tenho uma grande ligação com o Benedito Ruy Barbosa. Fiz meu primeiro filme, *O menino da porteira*, e depois ia fazer o *Mágoa de boiadeiro*. Chamei o Ruy pra escrever. Coisa do interior é com ele mesmo. Ele escreveu o roteiro, eu fiz o filme, e depois ele fez *Paraíso*, que foi minha primeira novela.
Um dia ele me disse que tava cansado e eu convidei ele pra descansar comigo

Teddy Vieira

Teddy Vieira de Azevedo, ou somente Teddy Vieira, é paulista de Itapetininga, mas sua vida profissional teve início na capital, onde completou seus estudos.

Ao lado de nomes como Raul Torres e José Fortuna, Teddy é considerado um dos principais compositores da música sertaneja. Escreveu sua primeira canção em 1940, aos dezoito anos, e se manteve como compositor até sua morte, em 1965. Sua obra continua sendo regravada tanto por duplas que defendem a linha mais tradicional quanto por artistas que adaptam suas canções a novos estilos.

São de sua autoria clássicos sertanejos como "O menino da porteira", "Couro de boi", "João-de-barro", "O rei do gado", "O mineiro e o italiano" e "Boiadeiro errante". Ele esteve por trás, também, do surgimento do pagode de viola, criado por seus parceiros de composição Lourival dos Santos e Tião Carreiro. Um dos pagodes de viola mais conhecidos até hoje, o "Pagode em Brasília", é de Teddy Vieira ao lado dos dois amigos.

Apesar de ser lembrado como compositor de inúmeros clássicos, foi figura importante também por seu trabalho como executivo de gravadoras, na Columbia e na Chantecler, responsável por contratar e revelar nomes como Zico & Zeca e Tião Carreiro & Pardinho.

no Pantanal, onde eu tinha um hotel. Só quem pisa naquele chão sabe o que é aquilo. Ele olhou e falou: "Serjão, eu vou fazer uma novela sobre isso aqui que vai tomar conta do mundo". Aí ele escreveu *Amor Pantaneiro,* entregou pro Boni, mas a Globo resolveu não fazer. Não fizeram e guardaram.

Nessa época, o Jayme Monjardim estava na TV Manchete e eles queriam fazer uma novela rural. Comentei que o Ruy tinha uma novela sobre o Pantanal recusada pela Globo e mandaram buscar o Ruy. O Boni liberou, mandou ele fazer e depois voltar pra Globo. Puseram o nome Pantanal e foi aquele sucesso.

Aí eu virei pro Ruy e falei: "Traz o Almir Sater". Ele: "Por quê?". "Porque eu já fiz o Diogo na novela Paraíso e cantava sozinho. Se você criasse um personagem pra ele, seria bom. O Almir é pantaneiro, monta bem, é um baita violeiro. Imagina a gente lá naquele Pantanal, com umas costelas enfiadas no chão, tocando viola?" Aí ele me mandou buscar o Almir. Só que eu fui atrás e não achava esse danado do Almir. Ele estava no Ceará e ia fazer uns shows nos Estados Unidos. Chamei ele mesmo assim. "Eu não sou ator", disse ele. "Eu também não sou, nós somos violeiros! Mas eu preciso de você aqui. Vamos ficar quase um ano no Pantanal, pescar, beijar mulher bonita e ainda ganhar dinheiro. Que que você quer mais?", falei. Aí ele topou!

Assim como Chrystian & Ralf, Sérgio Reis iniciou sua carreira em outro gênero musical, migrando para o sertanejo depois.

Com currículos já extensos em novelas, Sérgio Reis e Almir Sater formaram, na novela O Rei do Gado *(1996), a dupla Pirilampo e Saracura.*

Sérgio Reis: Nós fizemos o especial de fim de ano do Roberto Carlos, saímos do fictício, ainda como personagens, e fomos cantar lá. O Roberto cantou com a gente "O rei do gado", foi a primeira vez que ele cantou uma música que não era do repertório dele. Eu cantei com um camisão preto, cheio de pedras, pois era continuidade da novela, cantar no especial fazia parte da história. Eu disse: "Rei, não vai ter jeito, vou ter de cantar vestido assim". E ele, naquele jeitinho dele: "Serginho, você pode tudo" (risos). Amigo de cinquenta anos, né? Por mim, ele até esqueceu a superstição que tem com as cores...

O Rei do Gado *foi um sucesso de audiência, rendeu até um disco de Pirilampo e Saracura, mas sua contribuição para o sertanejo não parou por aí. Em sua trilha sonora, havia uma canção que marcaria a história de outra dupla: "Mia Gioconda", de Vicente Celestino, nas vozes de Chrystian & Ralf e Agnaldo Rayol.*

RALF: Nós recebemos o convite pra fazer o "Mia Gioconda" com o Agnaldo Rayol. O papo com o Agnaldo foi o seguinte: "Agnaldo, o tom é esse". E ele: "Esse tom eu não canto!". Aí a gente dizia: "Você canta sim, tem de ir lá e cantar". Aí ele chegou no estúdio, nós tínhamos preparado vinho, queijos, uma mesa legal...

CHRYSTIAN: Eu vesti um baby-doll, com uma meia três quartos listrada de várias cores, e soltei "Agnaaaaaldo", agarrei ele no estúdio, pulei em cima dele (risos).

RALF: Tudo pra descontrair, e aí ele cantou de primeira. Ele cantou tanto e tão bem que nós demos um tempo, fomos passear. Tudo pra esquecer o que ele tinha cantado e a potência que ele tinha colocado. E poder fazer a nossa parte mais suave, dar esse choque de estilos que a música tem. Foi o maior sucesso. Aliás, o primeiro tema da Rede Globo de uma dupla sertaneja foi nosso, foi "Saudade", na novela *Pacto de Sangue.*

CHRYSTIAN: Foi a primeira música sertaneja que entrou em uma novela da Globo. Sabe como ela entrou na novela? A gravadora mandou o tape sem nome, ninguém sabia quem estava cantando. O sonoplasta ouviu, adorou e só então descobriu que era nossa.

RALF: Ele não teve como tirar.

CHRYSTIAN: Tinha um preconceito contra a música sertaneja. Acho que a explicação é a seguinte: o povo da cidade não aceitava uma música que falava "nóis fumo e nóis vortemo". Se pegar o original de certas músicas que nós gravamos, nos primeiros discos, vai ver que a gente corrigiu o português de várias frases, que era pro pessoal da cidade cantar.

RALF: Eu acho que "Saudade" entrou na hora certa, ali começou uma abertura maior pra música sertaneja.

Quem melhor do que Sérgio Reis, que mudou de gênero quando já era sucesso, para falar sobre preconceito?

Sérgio Reis: O preconceito vinha das próprias emissoras de rádio. Nunca uma FM tocou sertanejo. Quando Sérgio Reis gravou "O menino da porteira" e outras músicas, aí a FM começou a tocar. Alguns amigos às vezes tinham até uma preocupação. "Pô, você vai entrar mesmo nessa?" É o mesmo que falam da política. Se eu quiser entrar na política, eu entro. Se eu quiser gravar outro estilo, eu gravo. Se você fizer um trabalho bem-feito, caprichado, com honestidade, o resultado aparece.
Eu transito em todas as esferas musicais, com todos os artistas. Sabe quem primeiro gravou "Tocando em frente"? Maria Bethânia, uma das maiores intérpretes que nós temos. O Caetano, por exemplo, gravou música do Peninha.

BRANDONI

Hoje, pelo menos, não tem preconceito. Cria-se, às vezes, uma inveja até dentro do próprio ambiente. O Michel acerta com um "Ai se eu te pego" e já vem gente falar isso e aquilo. E daí? Faz uma igual e canta. O que é que eu vou falar do Bruno & Marrone? Do Victor & Leo? Da Paula Fernandes?
Além do mais, essa turma nova tem raiz, respeita quem começou lá atrás. Com dez anos, eu ouvia o programa do Tonico & Tinoco no rádio. Nomes importantes como Tião Carreiro, Pedro Bento & Zé da Estrada, Pena Branca & Xavantinho. Eu era muito próximo do Pena Branca. O Xavantinho já tinha falecido, o Pena Branca, que me chamava de "veinho", me ligou: "Ô, veinho, chegou uma carta dizendo que eu recebi um prêmio, um tal de 'grãmi'. O que que é isso?". Expliquei que era o Grammy Latino, contei sobre a importância, e ele começou a chorar como criança.

Mesmo com a diferença de idade entre o Serjão e a dupla, ambos têm Tião Carreiro como figura importante na formação musical.

Ralf: A gente ouvia muito Tião, adorava o Trio Parada Dura. Com uns dez anos de idade, nós abrimos o show do Tião Carreiro em Jales. Uma loucura. Muitos anos depois, nós gravaríamos com ele.

Chrystian: Um acontecimento na nossa carreira foi a participação do Tião Carreiro com a gente na música "Amargurado". Até então, nenhuma dupla tinha gravado com ninguém. Inclusive, quando a gente falou que ia convidar o Tião Carreiro, teve gente que falou: "Pra que isso?". Ninguém nunca tinha gravado junto, uma dupla no disco de outra. Como a gente era fã do Tião Carreiro desde pequenininho, queríamos fazer uma homenagem pra ele enquanto ainda estivesse vivo. Ele gravou a parte dele separado, e a gente gravou depois. No meio da música, eu falo: "Obrigado, amigo Tião Carreiro". Mas ele só ouviu depois de pronto.

Ralf: Ele chorou quando ouviu.

Chrystian: O último programa que o Tião fez, ele pediu que a gente fizesse junto, um mês antes de falecer.

Há diversas canções que não só foram sucesso, mas que tiveram papel importante na carreira de Chrystian & Ralf. Além de "Amargurado", a dupla citou "Chora peito" como uma das mais relevantes, já que deu a eles o primeiro disco de diamante, que na época significava 1 milhão de cópias vendidas. Queríamos saber também a história de outra canção que estourou em 1989 e que, mais de quinze anos depois, voltou a ser sucesso com artistas da nova geração da música sertaneja: "Nova York".

Chrystian: Nós fizemos "Nova York" em quinze minutos. Tínhamos a história na cabeça porque um amigo nosso, o Paulinho, trabalhava como caminhoneiro em Nova York. E ele tinha a maior vontade de levar a namorada dele pra passear de caminhão em Nova York. O Daniel Salinas, que fazia os arranjos pra gente na época, estava fazendo o arranjo de uma guarânia. Aí a gente falou: "Meu, nós precisamos botar um rock no disco!".

Ralf: Faltava uma música pro disco, a gente precisava de mais uma, e tinha de ser rápido. Aí lembramos essa história do Paulinho. E a introdução, que todo mundo conhece, pegamos de uma música que era o maior sucesso em Nova York na época.

Chrystian: "Nova York" é uma música extremamente importante até hoje na nossa carreira. É aquela música que a gente sempre tem de cantar nos shows. Fizemos em quinze minutos, gravamos e arrebentou.

Nome
Sérgio Reis

Local e data de nascimento
São Paulo, 23/06/1940

Maiores sucessos
"Coração de papel", "O menino da porteira", "Panela velha", "Pinga ni mim"

Nome
Chrystian e Ralf

Local e data de nascimento
Ambos em Goiânia (GO) - 03/11/1956 e 15/06/1961

Maiores sucessos
"Nova York", "Chora peito", "Ausência"

Luan Santana, Gusttavo Lima

a nova geração da música sertaneja

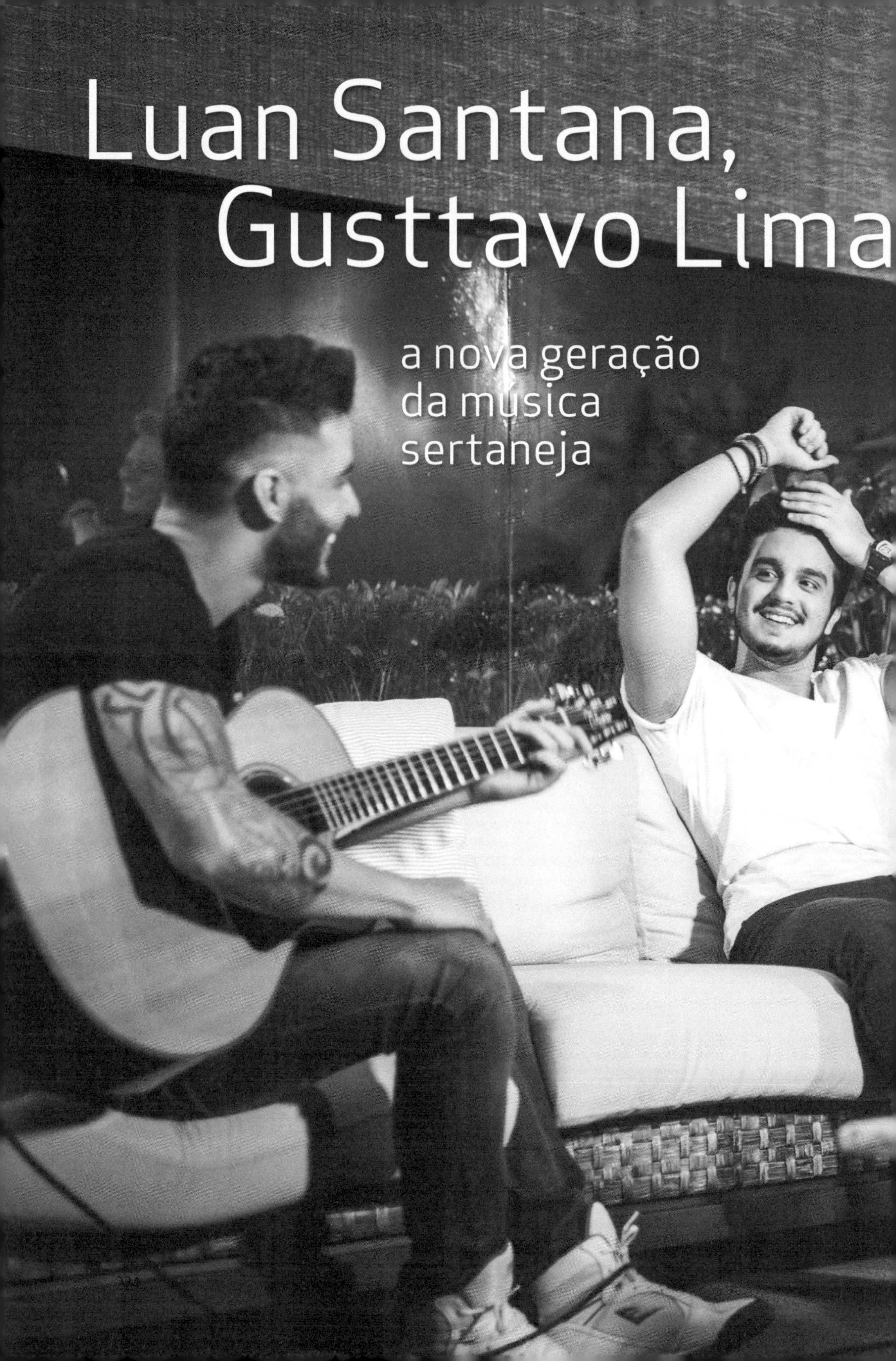

Jorge & Mateus

2011 foi marcante. Foi o ano em que a música sertaneja passou a ser, também, de balada

Eu conheci o Jorge e o Mateus no começo da carreira deles, quando um dos empresários, o Marquinhos, levava a dupla em todo canto para promovê-la. Quando eles gravaram o primeiro CD, aquele que rodou bastante nos piratas, eles subiram no trio elétrico do Tradição em um show na Estância Alto da Serra, em São Bernardo do Campo. Era o segundo show em São Paulo que a gente fazia em cima do trio, e nesse dia eles deram uma canja. Ninguém imaginava que alguns anos depois eles lançariam o próprio bloco no carnaval de Salvador.

Do Luan Santana eu me lembro de uma história bem bacana. Ele estava começando ainda, e eu encontrei a irmã dele, a Bruna, no cinema em Campo Grande. Eu era conhecido por conta do Tradição, e a Bruna veio falar comigo e mostrar a música do irmão dela, o "gurizinho de Jaraguari". Ela veio, na verdade, me apresentar o Luan, mas eu já sabia quem era, já ouvia falar dele. Nunca esqueci isso.

A minha carreira e a do Gusttavo Lima tiveram um grande crescimento em momentos muito próximos. Do lançamento do "Tchererê" para o do "Ai se eu te pego" acredito que não tenha sido mais de três meses. Ele lançou primeiro, virou aquele enorme sucesso, e logo depois eu lancei a minha, e fui para o mundo todo. Ele, inclusive, chegou a fazer shows lá fora também pelo sucesso da música dele. Aquele ano de 2011 foi marcante, foi o ano em que a música sertaneja passou a ser, também, de balada, principalmente por conta do sucesso dessas duas músicas.

Dois episódios do "Bem Sertanejo" trataram da nova geração de sertanejos: o primeiro, com a ascensão da carreira de Michel, e o último, contando as histórias de sucesso de Jorge & Mateus, Luan Santana e Gusttavo Lima.

Berço de uma infinidade de duplas importantes no século XX, Goiânia havia perdido o protagonismo no cenário sertanejo para o Mato Grosso do Sul. Afinal, a nova geração nasceu nos entornos de Campo Grande, com João Bosco & Vinícius e Tradição, seguidos por Maria Cecília & Rodolfo, Luan Santana e outros mais. No entanto, era natural que, mais cedo ou mais tarde, Goiânia mostrasse sua força. Jorge & Mateus são de Itumbiara, Goiás. Mateus se mudou para Goiânia por conta da faculdade de agronomia; Jorge estudou direito na cidade natal.

JORGE: Quando a gente começou, existia um expoente maior de artistas no Mato Grosso do Sul. Goiás teve alguns dos grandes expoentes da música sertaneja, mas estavam faltando novos nomes para que ela voltasse a ser considerada a capital do sertanejo. Quando a gente veio de Itumbiara pra Goiânia, esses novos artistas estavam começando a aparecer.

A gente já se conhecia. Tinha visto o Mateus cantando em um festival de música. Na época, ele tinha doze anos, e eu tinha dezesseis. Quando a gente se conheceu mesmo, num churrasco, eu estava com 22, e o Mateus com dezoito.

Mateus: Eu estudava em um colégio que tinha uma faculdade também, e o Jorge estudava nessa faculdade. Os festivais de música eram divididos em duas categorias: estudantil e universitária.
Eu participava de uma, e o Jorge da outra. Mas o tempo passou e a gente nunca mais se viu. Entrei na faculdade, fui pra Goiânia, e o Jorge ficou em Itumbiara. Nessas visitas que a gente vai pra ver namorada, família, eu encontrei o Jorge num churrasco. Ele estava com um violão, e eu curtia o mundo sertanejo porque na faculdade de agronomia que eu fazia a preferência sempre foi por sertanejo.

Jorge: Acabamos tocando juntos nesse churrasco e repetindo a dose em outros dias. Esse encontro aconteceu num momento em que a música sertaneja estava dando uma mudada, ficando mais informal. Começou até a ter música sertaneja na balada. Em Itumbiara tinha uma boate chamada Luna que tocava sertanejo, e foi lá que a gente fez a nossa primeira apresentação.

Mateus: Foi tudo rápido e sem planejamento. Tanto

que ficou meio esquisito no nosso primeiro show porque a gente não tinha combinado os nomes. Cantamos como Jorge e Mateus Pedro, que também é meu nome. Logo depois, cortamos o Pedro e ficou só Jorge & Mateus, que era mais simples.

Jorge & Mateus é uma das mais bem-sucedidas duplas no cenário da nova geração.

Jorge: Tinha feito um show lá antes, só que eu senti certa dificuldade de encarar o palco sozinho, era muito inexperiente.

Jorge & Mateus foram uma das duplas que mais aproveitaram a ascensão da internet, em uma época na qual as gravadoras ainda não haviam se adaptado às novas tecnologias. Ter um gravador de CD em casa passava a ser algo comum. Antes utilizadas pela pirataria, as copiadoras em série passaram a ser usadas profissionalmente, dando um novo significado ao termo "CD promocional".

Jorge: A gente estava outro dia no Maranhão, rodando no nosso ônibus, e encontramos aquelas banquinhas de CD pirata que não se vê mais hoje em dia. Todo

A dupla Jorge & Mateus foi uma das primeiras a aproveitar a ascensão da internet para divulgar seu trabalho.

lugar que você chega, as pessoas pedem um CD promocional, porque virou algo cultural.

Mateus: A gente pegou uma fase da internet em que as pessoas ainda estavam entendendo a melhor maneira de usá-la. Não existia lojas on-line para venda de música. Era a época do CD paralelo, o promo. A gente distribuía esses CDs nas universidades. Meus amigos que estudavam em outras cidades ajudaram, levavam os CDs e distribuíam. Desse jeito, o CD rodava pra caramba.

Jorge: Toda república de estudante num raio de trezentos quilômetros tocava o CD do Jorge & Mateus. Mas é legal dizer que foi tudo sem planejamento. A gente percebe que hoje os artistas começam de outro jeito, já com várias coisas programadas, estratégia etc. Cantar fazia parte da nossa vida. Ninguém pensou em montar uma dupla pra conseguir alguma coisa, sabe? A gente brincava que um dia nós iríamos ganhar uma grana legal pra turma que nos acompanhava.

A boa aceitação da dupla, principalmente entre os universitários, aconteceu de maneira rápida. O CD ao qual eles se referem é o primeiro, gravado com estrutura mínima na garagem da casa de Mateus.

Mateus: Foi na garagem de casa, literalmente. Meus pais liberaram o espaço. Entramos naquela onda do João Bosco & Vinícius, que gravaram tudo em MD (Mini Disc).

Jorge: É o som que tocava no carro da moçada de Itumbiara. Você passava na rua e tinha alguém com o porta-malas do carro aberto escutando música sertaneja.

Mateus: Aquele som levou muita gente que não escutava sertanejo a curtir também.

Jorge: Eu tinha uma música e o Mateus tinha outra.

Mateus: Sinceramente, o que a gente fez foi pratica-

O empresário Wendell Vieira (abaixo, à esquerda) é um dos responsáveis pelo sucesso da dupla.

Gusttavo Lima é um dos precursores da música sertaneja de balada.

mente uma cópia do que o João Bosco e o Vinícius fizeram. Gravamos um MD com dois violõezinhos na garagem de casa.

João Bosco: Nós tocávamos em barzinhos em Campo Grande e região, no estado do Mato Grosso do Sul. Uns amigos nossos de Maracaju iam fazer um aniversário e resolveram fazer desse aniversário um evento, e nós fomos lá pra tocar e cantar. A gente cantou o que cantava nos botecos, cantou algumas que não cantava também, e mandamos abraços pros amigos entre as músicas.
Umas três semanas depois, outro amigo nosso que também estava no aniversário, me ligou e falou: "João, escuta aqui", e botou pra eu ouvir no telefone "Sob a luz do seu olhar se esconde um mistério". Aí eu falei assim: "Cara, manda isso aí pra mim, traz pra mim". Aquela música era a nossa principal música na região, nosso sucesso dentro do estado. O áudio estava ruim demais, uma microfonia péssima, e ele me disse: "Isso virou uma epidemia em Maracaju. O povo está copiando esse CD que a gente gravou". Aí eu falei: "Uai, mas como vocês gravaram isso?". "Gravamos naquele dia que vocês foram tocar no aniversário."

Vinícius: Virou uma febre no nosso estado, principalmente no meio universitário. Acho que a naturalidade, a maneira como foi gravado o CD, sem a gente saber que estava sendo gravado, mandando abraço pra todo mundo, dava a impressão, quando você colocava o CD no carro, que estávamos ali cantando.

Jorge: Na hora de fazer a seleção, escolher as músicas pra gravar, a gente foi pra casa do Wendell (Vieira). Ele foi o nosso primeiro empresário e continua com a gente até hoje. Era quem a gente buscava para escolher repertório, porque ele tinha um acervo muito grande de música, era DJ.

Wendell: Queríamos crescer, mas ninguém tinha grana. O Mateus tinha um carro, eu tinha um celular pré-pago com muito crédito pra ligar pra turma, e o Jorge tinha a voz.

Jorge: Só que já em nosso primeiro ano, 2005, começamos a fazer show fora da nossa cidade. Isso foi muito legal. As nossas músicas estavam tocando, e no final desse ano a gente tinha gravado outro CD com a mesma qualidade.

Mateus: Gravamos num salão de festas que a gente alugou perto de casa, mas, por incrível que pareça, ficou pior do que o primeiro na garagem.

Jorge: Acho que a melhor coisa que aconteceu nesse CD foi "Pelo amor de Deus, Jorge e Mateus".

Wendell: Um amigo nosso de longa data soltou isso em cima do palco:

"Balada boa" consagrou Gusttavo Lima, tornando-o conhecido em todo o país.

"Pelo amor de Deus". A gente até chamou o cara de volta pro palco pra ele gravar esse grito.

Mateus: E ele falou isso pra ajudar, porque o show estava uma droga. E foi nessa ideia do primeiro CD, plug and play, que gravamos o primeiro DVD. Só que chamamos o Pinocchio, produtor, pra organizar a casa, dar uma limpada.

Jorge: Nesse DVD tinha "Pode chorar", uma música muito legal que veio do Nordeste. O Aviões do Forró já tinha gravado com Dorgival Dantas. Foi uma música que trouxe muita coisa bacana pra nós.

A dupla vem quebrando recordes desde os primeiros sucessos. Passou a ser chamada de número 1 do Brasil a partir de "Amo noite e dia" (2012), que pode ser considerado o principal hit da carreira deles.
Além dos altos cachês e dos quase 180 shows anuais, Jorge & Mateus conquistaram algo que nenhum outro sertanejo havia conseguido antes: emplacaram um bloco no carnaval de Salvador, o "Bloco Pirraça", que teve início em 2011. Curiosamente, música sertaneja em cima de trio elétrico foi uma invenção do Tradição, grupo do Michel.

Jorge: Quando o Tradição fazia trio elétrico tinha uma dinâmica fantástica, própria, que não era imitação de nada, era algo bem diferente. Foi quando a gente percebeu que tinha possibilidade de fazer também. Eu acho que Jorge & Mateus deram certo no trio porque gostamos de cantar outras coisas. O trio elétrico deu essa possibilidade de fazermos todos os sons que quiséssemos. Só é precio se preparar muito bem fisicamente.

Mateus: As primeiras vezes no [circuito] Barra-Ondina foram difíceis. Começamos no maior gás, a galera pulando, aquele sol, parecia que a gente estava lá embaixo pulando junto. Só que chegou na metade do percurso, com umas três horas de show, e sentimos o baque.

Jorge: Senti muito na primeira vez porque eu fiquei tão nervoso que não comi. Então eu fiz seis horas e cinquenta minutos praticamente de estômago vazio.

A carreira de Jorge & Mateus, que ainda não completou dez anos, é repleta de tantas conquistas que, inevitavelmente, haveria um preço a se pagar em algum momento. Os boatos de separação da dupla são recorrentes, assim como os de que os cantores não se dão bem. Boa parte desses assuntos surge pelo perfil diferente de Mateus, um dos artistas que mais tem formação musical fora do sertanejo.

Mateus: Eu não ouvia muito sertanejo na minha infância. Meus pais escutavam outras coisas: MPB, Oswaldo Montenegro, Jessé, Amelinha, Belchior. Mas escutavam os hits também de Leandro & Leonardo, Zezé & Luciano. Eu admiro a força que essas músicas têm de ficarem para a posteridade. Temos de pensar nisso pra nós também. Por exemplo: eu não escuto o sertanejo atual, prefiro o antigo. Em casa e no avião, estou sempre escutando blues, rock, folk. Meu hobby é baixar CD e escutar por escutar. Por tudo isso, tenho noção de que eu sou um estranho no ninho. Eu estou aqui pra somar com o que eu tenho de diferente. Se pudesse, eu faria um disco totalmente diferente.

Jorge: Já tivemos as nossas brigas, mas hoje em dia a gente se olha e sabe o que o outro quer.

Mateus: Geralmente brigamos por opiniões contrárias, pensamentos diferentes, mas não por música.

Jorge: Na música, cada um tem seu espaço. O Mateus vai fazer o arranjo, e eu não participo muito, porque é o momento em que ele extravasa o talento dele, entende? E vice-versa. Aprendemos a respeitar o espaço do outro.

Mateus: Quando o Jorge está fazendo as composições dele, eu não vou lá pra opinar. A gente acredita que tem de fazer as coisas separadas, pra somar depois e dar um molho.

O equilíbrio entre os cantores, em boa parte dos casos, passa pela mão do produtor. No caso, de Dudu Borges, responsável pelos últimos quatro discos da dupla.

Dudu Borges: As pessoas me perguntam sobre os artistas, como eles gravam, se eles são unidos, se eles brigam... No caso de Jorge & Mateus, em quase cem por cento das vezes, eu gravo separado. O Jorge num dia, o Mateus no outro. Não é porque eles não querem ficar juntos. Mas essa forma de trabalhar rende muito

"A primeira música que eu cantei na vida foi "Muda de vida". Eu não sabia nem falar direito"

mais no caso deles. Meu trabalho é juntar todo o requinte musical do Mateus com o lado popular do Jorge.
Não existe entre a gente aquela preocupação de "será que essa música vai estourar, será que isso é moda, será que eu vou fazer uma coisa mais dançante, uma música falando de mulher, de cerveja?". Fazemos o que achamos legal, o que deixa a gente feliz. Depois, as pessoas sentem isso. É essa despreocupação com o sucesso, de certa forma, que faz Jorge & Mateus desse tamanho.

MATEUS: Toda dupla já pensou em se separar algum dia. Somos seres humanos, tem dias que a gente está triste, está com raiva.

JORGE: Vamos para os shows em carros separados, cada um tem seu secretário, sua estrutura e seus horários. Às vezes, ele fica até depois do show. Às vezes, eu vou embora antes, e isso gera conversa de que a gente tá brigado. Mas não tem nada a ver, é a nossa forma de trabalhar.

Outros ícones da nova geração, Luan Santana, Gusttavo Lima e Michel Teló fizeram carreira solo, diferentemente de Jorge & Mateus, que seguiram o formato de duplas tão tradicional na música sertaneja. O encontro desses três cantores aconteceu na casa de Luan Santana, em São Paulo.

LUAN: Muita gente não sabe, mas eu tive uma dupla no tempo da escola, que foi quando eu comecei a tocar mesmo. Nós tocávamos nas festas juninas, e a dupla se chamava Luan e Luciano. Nessa época eu morava em Maringá, e éramos famosos nas escolas. Eu acabei virando um cantor solo naturalmente, meio que por acaso. As coisas foram acontecendo. Foi também por acaso que gravei "Falando sério" sozinho, com um cara fazendo solo no violão. A música começou acontecer e então eu vi que era hora de fazer shows. Foi nesse momento que percebi que meu sonho poderia se tornar realidade um dia.
Não era fácil porque o público não estava acostumado com um moleque cantando sozinho. Eu chegava nas rádios e as pessoas esperavam ver o Luan e o Santana descer do ônibus, como se fosse uma dupla. "Um menino de dezesseis anos, sozinho, cantando... Isso não vai dar certo, não vai vingar. Pode largar, vai estudar", eu ouvi muito isso. Tive meus momentos de fraqueza em que pensava: "Tenho de arrumar alguém pra cantar comigo, não vai dar certo, não vai vingar". Acho que faz parte do crescimento do artista.

MICHEL: Engraçado é que eu tive uma dupla, mas o apoio em casa foi diferente do seu, meu pai era contra. A dupla chamava Michel & Rômulo. Meu pai queria que eu cantasse a primeira voz, e como eu sempre gostei da segunda, eu fazia a segunda na maioria das vezes. Ele queria que eu fosse mesmo a primeira. Logo depois que a dupla acabou, eu passei para o grupo, e aí não parei mais. Depois que saí do Tradição, mesmo com muita gente me conhecendo, tinha quem me apresentasse como "Michel e Teló". Acho que é costume, as pessoas demoram a assimilar a ideia do cantor sertanejo solo.

Quando "Falando sério" começou a rodar no Mato Grosso do Sul, Luan Santana era chamado de "o gurizinho de Jaraguari". Pouco tempo depois, quando seu nome passou a ganhar visibilidade em outros estados, surgiu a história de que ele se incomodava com o apelido, que se irritava em ser chamado dessa forma, mas isso não era verdade.

LUAN: Costumo até dizer que eu nasci em Jaraguari, mas não é verdade, eu sou de Campo Grande. A minha família toda é de Jaraguari, e eu ia todo final de semana para lá. Quando gravei "Falando sério", eu dizia assim: "Obrigado, Jaraguari", no começo. Aí o povo falava: "Quem é esse aí, esse molequinho cantando?". E diziam: "É um gurizinho de Jaraguari". E assim foi de boca em boca que eu virei o gurizinho de Jaraguari.
Desde o começo, eu queria Luan Santana, queria que os outros me conhecessem pelo meu nome. Na verdade, eu tinha um pouco de vergonha. Chegavam aquelas mulheres bonitas no camarim, mais velhas que eu, e falavam "ah, gurizinho, que lindo", e eu falava: "Moça, eu sou o Luan". Ficava com uma vergonha danada. Então, a gente foi tentando colocar o nome aos poucos. Na divulgação, colocávamos "Luan Santana", e escrevíamos embaixo "o gurizinho", para que as pessoas soubessem quem era. Passei a ser conhecido mesmo como Luan Santana quando comecei a fazer sucesso fora do Mato Grosso do Sul, porque o apelido era conhecido só lá.

Gusttavo Lima teve um início de carreira mais precoce. Incentivado pelos irmãos, o caçula de uma família humilde, nascido em Presidente Olegário, mas criado em Patos de Minas, saiu de casa aos nove anos. Foi tentar a vida cantando ao lado dos irmãos, com quem trabalhou junto por sete anos.

GUSTTAVO: Eu tive, no total, dez anos de barzinho. Meus irmãos já cantavam, e fui o único filho que sobrou com a minha mãe em casa. Eu era o caçula e a minha mãe não abriu mão de mim de jeito nenhum. Um dia meus irmãos voltaram. Foram visitar minha mãe e eu estava com o violão cantando tudo. Eles falaram: "Vamos levar esse menino com a gente". E ela falou: "Pelo amor de Deus, meu filho. Só restou esse...", mas não teve conversa. Fui cantar com meus irmãos em barzinho ponta de esquina mesmo, churrascaria. Eu e meus dois

irmãos formávamos o Trio Remelexo. Éramos nós três e duas bailarinas. Elas serviam pra enfeitar o palco e de namoradas para nós na estrada. Eu namorei uma das bailarinas por muito tempo, foi minha primeira namorada. Inocente de tudo. Foi uma época boa, que eu tenho muita saudade. Não quero voltar a viver aquilo, Deus me livre, mas foi uma época gostosa.

A gente cantou muito na Pamonharia do Aguinaldo, em Patos de Minas, onde eu me criei. A pamonha dele é maravilhosa, já apareceu até no programa da Ana Maria Braga. Nos barzinhos, começávamos a cantar por volta das seis da tarde e parávamos depois da meia-noite. Já teve dias de a gente cantar do meio-dia à meia-noite. Começava cantando, aí ia chegando gente, saía. Chegava mais uma mesa, saía. Você vai cantando, dá uma folga de trinta minutos, e volta a cantar. O dono do bar, lógico, nunca queria deixar você sair. A gente cantou muito em showmício, o que nos salvava financeiramente falando. O nosso cachê era de cinquenta, sessenta reais, mas na época da política conseguíamos uns duzentos reais. Não era fácil, mas feliz daquele artista que tem história. Quando você consegue

algo mais duradouro, lembra o tanto que você lutou para chegar aqui. O sucesso é mais gostoso quando você consegue com suor. Foram sete anos com eles, depois fui músico durante uns três anos, tocando para algumas duplas na época em que morei em Brasília. Um dia, eu falei: "Não vai dar certo".

Luan: Eu tive um problema grande no começo da carreira. As músicas que eu gravava, outros artistas que tinham um poder maior naquele momento, vinham, gravavam em cima e me abafavam. Aí precisava começar de novo do zero. Aconteceu isso três vezes comigo. Eu gravava uma música, mas como não tinha dinheiro pra comprar exclusividade, chegava alguém com mais recursos, ia lá e gravava.

Sofri muito com isso porque parecia que a hora que eu estava indo, cortavam minhas asas e eu tinha de começar tudo de novo. Desanimava pra caramba, mas graças a Deus sempre tive a minha família ao meu lado, que me falava: "Calma, a gente vai achar outra música". Acho que Deus dá tudo na hora certa pra gente.

CD pirata

Um dos principais aliados para a ascensão de uma nova geração sertaneja em meados dos anos 2000 foi o barateamento de certas tecnologias. Se até o momento apenas a pirataria conseguia fazer frente à produção de discos em escala feita pelas gravadoras, chegava a hora de os gravadores de CDs e do famoso CD virgem se tornarem acessíveis ao público.

Duplas que gravavam seus primeiros CDs sem muitos recursos tinham condições de fazer algumas cópias em casa, distribuí-las e ver seu trabalho se disseminar sem muito custo. Em outras palavras, praticamente uma autopirataria.

A internet e a facilidade do download se tornaram realidade alguns anos depois, mas pelo menos por cinco anos, de 2005 a 2010, a distruibuição de CDs "promocionais", como são chamadas as mídias copiadas aos milhares e encartadas em capinha de papel, foi a principal forma de divulgação das duplas sertanejas.

Artistas, empresários e divulgadores viajavam com caixas e caixas de CDs, que eram distribuídos em boates, portas de universidades ou até mesmo em shows de outros artistas.

Após dez anos nas noites, Gusttavo Lima decidiu que pararia de cantar. Lutou, lutou, mas as tentativas não renderam frutos. No momento em que estava decidido a parar, um primo o convenceu a tentar só mais uma vez.

Luan Santana abriu o mercado adolescente para a música sertaneja.

GUSTTAVO: Quando eu estava morando em Brasília, decidi que não ia mais cantar. Falei: "Vou parar de cantar porque eu já tentei por dez anos, não consegui nada de música, vou trocar de profissão, estudar". Já estava chegando num ponto de passar dificuldade, de não ter o que comer. Pensei: "Vou pra casa do meu pai, que lá o arroz e o feijão não faltam". Aí eu voltei pra Minas, para a casa dos meus pais. Quem estava lá era um primo meu, que eu não via havia dez anos. Eu acredito muito em Deus e sou devoto dos Três Reis Magos. Foi no dia 25 de dezembro, o dia que o menino Jesus nasceu, que eu voltei para a casa dos meus pais. E, por incrível que pareça, fazia exatos dez anos que eu não via meu primo, que estava morando em Goiânia. Cheguei, sentei com ele, e expliquei tudo o que estava acontecendo. Era o PC, o Paulo César, que hoje é meu empresário.

Ele falou: "Rapaz, vamos comigo para Goiânia". Eu falei: "Você é louco, tá doido? De jeito nenhum. Eu já tentei de tudo e até hoje não consegui nada". Ele falou: "Eu tenho alguns amigos que têm barzinhos por lá, algumas boates, e a gente consegue para você dar uma canja, mostrar o seu talento". Fui para Goiânia: "Deixa eu tentar mais uma vez, vai que dá certo...".

Dois dias depois da conversa, eu cheguei em Goiânia e fui morar com ele. Depois de uns dois anos cantando em barzinhos, eu já tinha uma turma que me seguia para aonde eu fosse, uma galera que me acompanhava. Foi quando eu gravei um CD acústico, voz e violão, e esse CD começou a tocar nos carros de Goiás. Passamos a fazer shows fora de Goiânia, em algumas cidades do interior. As coisas estavam começando a caminhar e eu conheci o Wendell (Vieira), um dos empresários do Jorge & Mateus. A gente conversou e ele me disse que ia me apresentar para o Marquinhos (Marcos Araújo), que era o outro empresário da dupla. A gente se conheceu e ele sugeriu que eu gravasse um CD novo. No dia seguinte, estávamos dentro do estúdio. Gravamos sete músicas para valer, e as coisas foram acontecendo. Nada teria acontecido se não fosse o PC, o Wendell e o Marquinhos, por quem eu tenho uma gratidão enorme. São três pessoas a quem eu devo toda a minha carreira, além dos meus fãs, claro. Quando gravei o meu primeiro CD, a internet estava começando a se popularizar de verdade entre a moçada. Era época do Orkut. Eu era viciado, pegava minhas músicas e soltava tudo lá. Depois de "Revelação", a primeira música que eu gravei mais a sério foi a "Rosas, versos e vinhos". Ela bateu o primeiro lugar em uma rádio lá de Goiânia. Chorei de emoção quando isso aconteceu. Fico emocionado só de lembrar, porque foi um dos momentos mais felizes da minha vida. Era meu primeiro CD, não tinha contato nenhum, foi muito emocionante mesmo.

Se Gusttavo teve padrinhos, Luan também teve o seu. Parte do sucesso do jovem campograndense se deve à visão de outro artista, que na época também começava a despontar: Sorocaba, parceiro de Fernando. Luan e Sorocaba se tornaram amigos, sócios, e diversas canções compostas por Sorocaba ajudaram Luan a moldar seu estilo. A parceria mudou a vida de ambos.

LUAN: O Sorocaba foi um cara importantíssimo na minha carreira, na minha vida. Se não fosse a "Meteoro", se não fosse o Sorocaba, sem dúvida eu não estaria aqui hoje. Ele me apresentou a "Meteoro" numa recepção de hotel. Eu tinha aberto um show dele em Brusque, Santa Catarina. Acabou o show e a gente foi para a recepção do hotel. Eu falei: "Essa música é boa, hein?". E ele disse: "Canta ela aí, cara". Eu cantei, tirei ela na hora, e ele falou: "É sua, grava aí. Agora eu quero ver alguém tomar de você". Eu gravei e graças a Deus deu certo, foi o maior sucesso.

GUSTTAVO: Esse negócio de alguém gravar uma música logo depois de você aconteceu comigo uma única vez. Só que a música era da minha autoria, pior ainda. Eu gravei "Revelação", que eu tinha escrito, com a esperança de que pudesse ser um sucesso. Um dia, estava no trânsito, liguei o rádio e estava tocando "Revelação" na voz de outro artista. Eu falei: "Gente, essa música é minha". Mas não dava para fazer nada. Apesar de tudo, isso acabou me ajudando muito, porque abriu várias portas.

MICHEL: Por falar em tomar música dos outros, em passar por cima, teve muita gente que disse que nós três éramos rivais, né?

Gusttavo: As pessoas falam de concorrência, mas não existe concorrência no sentido negativo, só se for amigável. Às vezes, surge algum problema com os empresários, a mídia noticia, algumas pessoas maldosas inventam boatos, mas a gente tem muito respeito um pelo outro. Talvez pudéssemos ser mais unidos. Nós já somos unidos, mas poderíamos ser mais. Todos aqui ganham dinheiro, mas não cantam por dinheiro. Cantamos pela música sertaneja, por ela ser nosso berço. Tem tanta gente que quer ver nossa música acabar, que acho que a gente deve cada vez mais abraçar e defender essa música.

Luan: Eu acho que as nossas diferenças, e a de tantos outros artistas, é que tornaram a música sertaneja tão popular assim. Cada um tem uma pegada diferente, um estilo próprio, e a pessoa vai lá, pega um CD ou um pen drive, junta tudo e coloca no carro. A verdade é que a gente precisa um do outro. Para tornar esse movimento cada vez mais forte e consistente, precisamos que tenha mais gente fazendo sucesso com seu estilo. A música sertaneja sempre foi isso, e acho que temos de continuar dando sequência. Ela não vive de um ou outro artista, ela vive de todo mundo que canta sertanejo.

Como tratávamos da mais nova geração de sertanejos, um trecho do programa foi gravado na boate sertaneja Wood's São Paulo. Além de Gusttavo, que iria até a boate cantar com Michel, foram convidados também Marcos & Belutti, donos da música mais tocada de 2014, "Domingo de manhã", e Cristiano Araújo, outro nome relevante da nova fase da música sertaneja.

Cristiano: Meu pai, João Reis, sempre foi apaixonado por música sertaneja. Ele morou muito tempo na roça. Meus avós tinham dupla e andavam de fazenda em fazenda para fazer show. Quando meu pai foi para a cidade grande, Goiânia, ele montou um lava-jato que tinha um barzinho junto. Nesse lugar cantavam Leandro & Leonardo, com Bruno & Marrone fazendo abertura. Me lembro de ir bem pequeno lá com a minha mãe.
Era muito criança ainda quando meu pai percebeu que eu gostava de música, que eu tinha jeito. A partir daquele momento ele começou a fazer tudo para que eu pudesse seguir essa carreira. Com seis anos, meu avô me deu um violão, umas revistinhas de cifras, e meu pai começou a me levar para ter aula com professores de canto. Aos nove anos, eu passei a cantar em aniversários, barzinhos, shopping.
Com quatorze anos, gravei o meu primeiro CD. As coisas começaram a acontecer, mas eu passei a acreditar também que o sucesso só viria se eu tivesse uma dupla. Na época só tinha dupla, não tinha nenhum artista solo fazendo sucesso. Só que meu pai não queria de jeito nenhum que eu arrumasse uma segunda voz. Teve um

Na contramão das tradicionais duplas sertanejas, Gusttavo Lima, Luan Santana e Michel Teló se consagraram em carreiras solo.

Sertanejo universitário

Os sucessos de João Bosco & Vinícius e César Menotti & Fabiano são comumente citados como pontos de partida para a ascensão de um estilo musical que passou a ser chamado de "sertanejo universitário".

Em 2003, João Bosco & Vinícius lançaram um disco ao vivo com diversas regravações, feito de forma simplória em um aniversário, mas que se tornou um grande sucesso. César Menotti & Fabiano gravaram, em qualidade semelhante, um disco repleto de regravações em 2004, em uma casa de shows. A vida das duas duplas mudou após esses projetos e uma imensa porta se abriu para uma nova geração conquistar o país.

O início do sertanejo universitário foi marcado por antigas canções de sucesso repaginadas, com um ritmo mais acelerado, misturando elementos de outros gêneros, como o axé, algo que o grupo Tradição já vinha fazendo, mas nenhuma dupla ainda havia assimilado.

A novidade começou a se espalhar e, em pouco tempo, já havia cenas do "novo sertanejo" em diversas capitais, como Campo Grande, Goiânia e Curitiba. Não demorou muito e essas cenas se uniram, transformando o sertanejo nesse poderoso mercado que domina o cenário musical.

dia que ele quis me bater por causa disso. Acabei montando uma dupla chamada Cristiano & Gabriel. A partir daí, comecei a ter identidade musical, construir uma carreira, ser mais profissional. Mas meu pai estava certo, né? Dupla, quando você não é irmão, é complicado. Quem me incentivou a cantar sozinho, sem saber, foi o Luan Santana. Eu fui num show dele em Rondonópolis, e minha dupla já estava no fim. Eu olhei o Luan sozinho no palco, um negócio muito diferente. Ele andava o palco todo, tinha desenvoltura, fiquei impressionado. Saí de lá acreditando que eu poderia fazer aquilo também.
Comecei, então, a tocar sozinho nos bares, mas a situação não estava fácil. Nesse momento, eu reencontrei dois amigos que conhecia da noite, e eles disseram que iam me ajudar a gravar meu primeiro DVD: o Jorge, da dupla Jorge & Mateus, e o Humberto, do Humberto & Ronaldo. Eles me ajudaram muito, inclusive no repertório. A música que eu gravei com o Jorge, "Efeitos", caiu na internet no dia seguinte e a repercussão foi muito rápida. Quando lançamos o DVD, muita gente já conhecia, e foi o sucesso que abriu todas as portas pra mim.

Em meio a tantas músicas agitadas, tantas canções de festas que dominaram as rádios nos últimos anos, a música romântica voltou a ganhar espaço entre os jovens. Um dos que mais aproveitaram essa mudança foi Luan Santana.

LUAN: Eu acho que as pessoas se identificam com o papo mais romântico. "Te esperando", por exemplo, é uma música muito forte. É um amor quase impossível, mas eu acho que ela despertou a atenção das pessoas justamente por isso. Não estamos acostumados a vivenciar amores assim, principalmente nos dias de hoje. Para algumas pessoas, virou algo descartável, que começa numa noite e acaba com o nascer do sol. E a música fala justamente o contrário. Acredito que as pessoas estão numa constante busca por esse tipo de amor, e acho que é por isso que elas se identificaram tanto com essas canções mais românticas.

Havia algumas coincidências entre Luan e Gusttavo, e uma delas valia a pena abordar. Ambos têm Zezé Di Camargo & Luciano como principais referências, até já gravaram com eles. Durante a conversa, o nome da dupla surgiu diversas vezes.

MICHEL: Todos somos fãs do Zezé e do Luciano. Vocês já gravaram com eles, eu também gravei, na época do Tradição. É impressionante a influência que eles tiveram na carreira de todos que apareceram depois.

LUAN: A primeira música que eu cantei na vida foi "Muda de vida". Eu não sabia

nem falar direito, aprendi a falar com essa música. Eu cresci ouvindo Zezé e Luciano, minha mãe era fã deles, até me levou no colo para assistir a um show deles. Falei pra ela que, quando eu crescesse, queria cantar igual ao Zezé. Eu nasci em 1991, ano em que eles estouraram com "É o amor".
Se fosse fazer um show só com sucessos do Zezé e do Luciano, ia durar uma semana. O Zezé é impressionante. O artista tem de ter feeling para saber o que o povo está querendo, e ele sempre teve essa sensibilidade. Eu acho que isso é o mais difícil pra gente: descobrir o que o povo quer ouvir. Eu não tenho muita regra, gravo o que eu gosto de cantar e o que eu gosto de ouvir.

GUSTTAVO: A história deles é muito grande. O mais incrível é, hoje em dia, poder ligar para o Zezé, encontrá-lo, ser próximo dele. Eles até gravaram uma música minha também, imagina?

A principal canção de Michel Teló, "Ai se eu te pego", foi lançada em setembro de 2011. Três meses antes, Gusttavo Lima havia lançado "Balada", o famoso "Tchererê", que virou sucesso muito rapidamente. As canções deixaram marcas na música sertaneja.
Por conta do êxito delas, duplas que lutavam por destaque passaram a buscar músicas com jargões simples, com onomatopeias, com "boas sacadas". Como jamais existiu fórmula para fazer um hit, a nova tendência resultou até em tentativas bem-sucedidas, como "Eu quero tchu, eu quero tcha" mas, na maior parte dos casos, foi tudo um fiasco.

MICHEL: Você gravou "Tchererê" e logo depois eu gravei "Ai se eu te pego", e foi aquele sucesso. A gente tem alguma culpa no que aconteceu depois.

GUSTTAVO: Acho que nós dois somos culpados, acabamos com a música sertaneja. De verdade, antes de a gente gravar isso, não tinha esse tipo de letra, esse tipo de apelo.

LUAN: Eu acho que as pessoas se empolgaram e começaram a exagerar um pouco, o caminho não é por aí, mas eu sei que se o povo aprovou, se o povo curte viver escutando aquilo, então tudo bem.

MICHEL: Essas duas músicas acabaram criando um novo movimento. Movimento de balada, que hoje é muito forte.

GUSTTAVO: As baladas sertanejas se expandiram pelo Brasil. É algo que nasceu com a nossa geração. A sua música estourou no mundo e a minha acabou indo junto. Fiz muito show lá fora.

Michel: É um negócio meio inexplicável, surreal. Uma imagem pra mim muito forte foi de um show que eu fiz na Croácia, em Pula, num coliseu de 2 mil anos. O coliseu imenso e lotado. Quando abriu a cortina, na hora em que pisei no palco, eu já entrei chorando. Na hora de sair, também chorei. Um país que nem imaginava conhecer um dia, não sabia nada sobre a Croácia. Chegar lá e ter croatas, eslovenos, italianos, todos no meu show. É algo que eu vou guardar para sempre, a sensação é aquela de "cara, eu não estou vivendo isso aqui".

Nome
Luan Santana

Local e data de nascimento
Campo Grande (MS) - 13/03/1991

Maiores sucessos
"Meteoro", "Te vivo", "Te esperando"

Nome
Gusttavo Lima

Local e data de nascimento
Presidente Olegário (MG) - 03/09/1989

Maiores sucessos
"Balada", "Rosas, versos e vinhos", "Gatinha assanhada"

Nome
Jorge e Mateus

Local e data de nascimento
Ambos de Itumbiara (GO) - 27/08/1982 e 15/07/1986

Maiores sucessos
"Amo noite e dia", "Voa, beija-flor", "Um dia te levo comigo"

FICHA TÉCNICA DVD BEM SERTANEJO
UMA PRODUÇÃO BROTHERS
Direção geral: Fernando Hiro
Direção executiva: Teotonio Teló e Teófilo Teló
Produção musical: Michel Teló
Co-produção musical: Marcinho Hipólito
Repertório: Michel Teló, Teófilo Teló e Ninho
Direção de vídeo: Junior Jacques
Produção geral: Pâmela Herrera e Celso Lobo
Produção executiva: Miguel Cariello
Fotografia: Fernando Hiro
Roteiro: André Piunti e Fernando Hiro
Roteirista assistente: Caroline Cardozo e Celso Lobo
Edição: Daniel Ferro, Paulo Vitor Capelli e Jacques Vídeo
Captação de áudio: Up Music
ÁUDIO
Edição: Michel Teló e Marcinho Hipolito
Mixagem e masterição: Claudio Abuchaim
MÚSICOS
Michel Teló, Marcio Hipolito, Jonathas Xavier, Wesley Abdo, Thiago Cabral, Marcello Costa, Sergio Lima, Adilson Pascoalini, Flávio Coelho, Pescuma, Rodrigo Sater e Músicos M&JREquipe Michel Teló
Produtor: Renato Santos
Produtor Técnico: André Neves
Secretário Executivo: Allan Mogi
Técnico de Monitor: Ricardo Galeano
Técnicos: Eder Monteiro, Gustavo Rodrigues, Sandro Gaudioso, Jair Oliveira, André Rodrigues e Ilson Teixeira
Operador de Led: Davidson Moraes
Iluminador: Fabio Junior
Responsável camarim: Eliezer Bezerra
Fotógrafo: Igor Duarte
Roadies: Jairo Rafael e Patrick Benites
Motorista: Alexandre Maciel (Camarão)
Equipe Escritório: Thawane Alves, Jéssica Gomes, Gisele Ferreira, Iolanda Schaefler, Fernanda Podalka, Jucilene Abranches e Adolfo Paniagua
Designer Gráfico e capa: Filipe Simião
Divulgadores: Walace Rocha e Willian da Silva
Redes Sociais: Maysa Marino
Assessoria de rádio: Cátia Barros e Lana Almeida
Assessoria de TV: Silvana Moreto e Ilma Lobo
Assessoria de Imprensa: Ana Paula Aschembach e Perfexx
Stylist: Camila Motoryn e Gabriela Grinman
VIDEO
Produtora: Jacques Vídeo
Editor de Vídeo: Julio Dutra
Operadores de Câmera: Marcos Amaral, Jacques Junior, Fernando Hiro, Claudiney Dorberto, Igor Duarte, Alencar Ribeiro e Gustavo Dena
Assistente de Câmera: Claudinei Furlanetto e Fernando Henrique
ILUMINAÇÃO (captação Wood's SP)
Ligth designer: Carlinhos Nogueira
Conteúdo de led: Studio Curva
Painel de Led e equipamento de luz: Apple produções
CENÁRIO
Arquitetura e cenografia: Zé Carratu e Dhiego Arruda
Cenotécnicos: William Jorquera e Maurenilson dos Santos

FICHA TÉCNICA DO CD BEM SERTANEJO
Produção e Arranjos: Michel Teló
Co-produção: Marcinho Hipolito
Mixagem e Masterização: Claudio Abuchaim
Gravado em Campo Grande
Edição: Michel Teló, Marcinho Hipolito e Marcio Cigerza
Assistentes de gravação: Marcio Cigerza
Técnico de Gravação: Marcelo Cigerza
Produtor Tecnico Studio: Marcelo Cigerza
Mixagem e masterição: Claudio Abuchaim
Programação: Claudio Abuchaim e Marcelo Cigerza
Sanfona e violao: Michel Teló
Violão e teclado: Marcio Hipolito
Violão e Guitarra: Jonathas Xavier
Bateria: Wesley Abdo
Percussão: Thiago Cabral
Sanfona: Marcello Costa
Baixo: Sergio Lima
Violão: Paulo Henrique Hipolito
Percussão: Gerson Espinosa
Sanfona: Renan Nonato
Baixo: Jasiel Xavier
Violão: Luiz Marcelo Fraga
Violão: Marcelo Cigerza
Baixo: Marcio Cigerza
Percussão: Claudio Abuchaim
Violão: Marcos Borges

FANTÁSTICO
Arte: Rafael Escobar e Vinicius Fabretti
Conteúdo digital: Marcelo Sarkis e Fernanda Garrafiel
Pesquisa de imagens: Cândida Sá
Produção executiva: Celso Lobo
Roteiro: Caroline Cardozo e Celso Lobo
Assistentes de edição: Juliana Pestana e Amanda Lima
Edição: Caroline Cardozo e Marco Arantes
Coordenador de séries e quadros: Bruno Bernardes

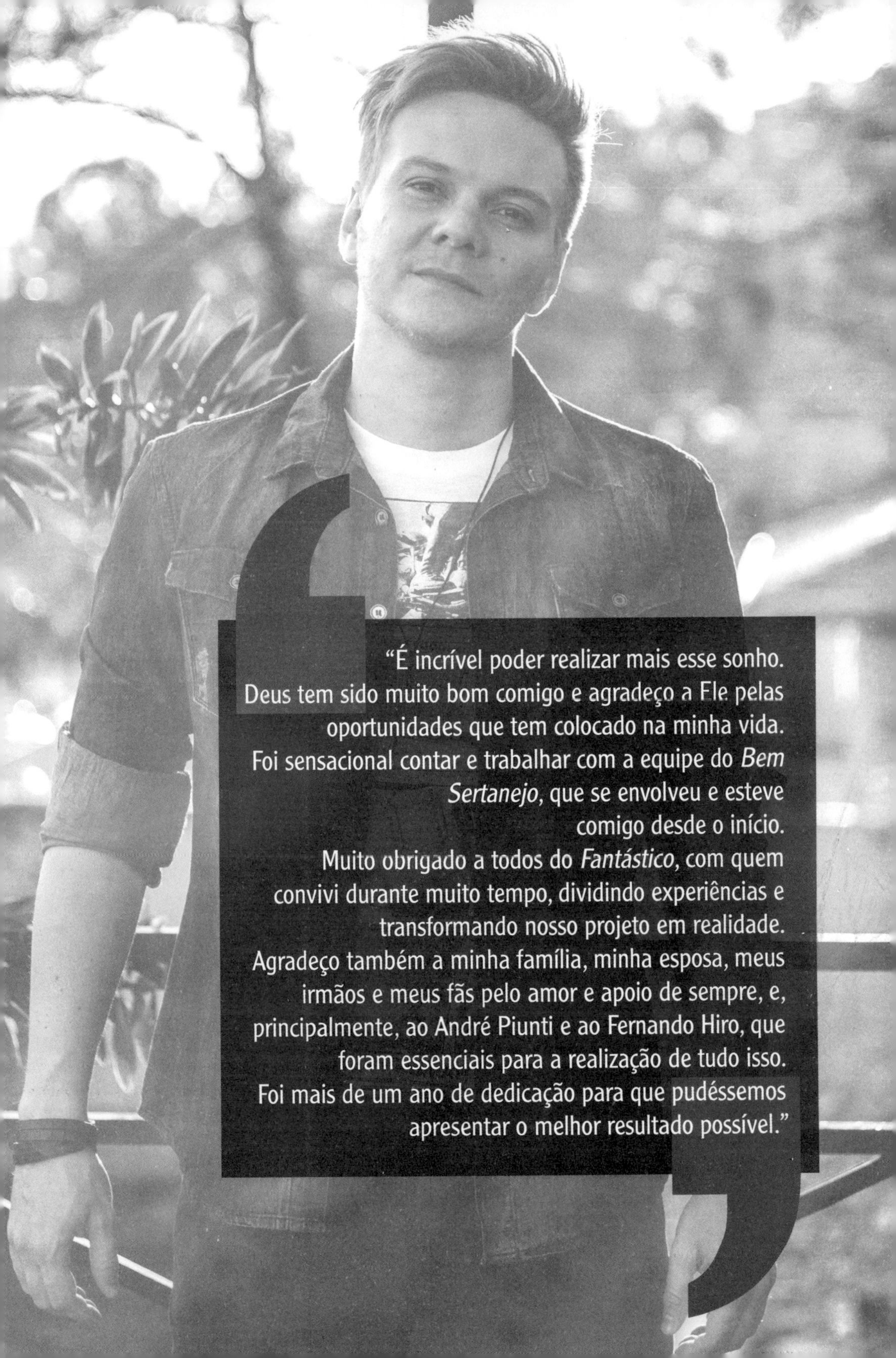

"É incrível poder realizar mais esse sonho. Deus tem sido muito bom comigo e agradeço a Ele pelas oportunidades que tem colocado na minha vida. Foi sensacional contar e trabalhar com a equipe do *Bem Sertanejo*, que se envolveu e esteve comigo desde o início. Muito obrigado a todos do *Fantástico*, com quem convivi durante muito tempo, dividindo experiências e transformando nosso projeto em realidade. Agradeço também a minha família, minha esposa, meus irmãos e meus fãs pelo amor e apoio de sempre, e, principalmente, ao André Piunti e ao Fernando Hiro, que foram essenciais para a realização de tudo isso. Foi mais de um ano de dedicação para que pudéssemos apresentar o melhor resultado possível."

Coordenação editorial: Aida Veiga
Preparação: Ler & Escrever – Produções Editoriais
Revisão: Ana Tereza Clemente e Elisa Martins
Capa, projeto gráfico e diagramação: A2
Fotografias: Fernando Hiro
Foto da linha do tempo: Istockphoto
Os artistas gentilmente cederam fotos de álbum de família para ilustrar o livro.

CIP-BRASIL. CATALOGAÇÃO-NA-FONTE
SINDICATO NACIONAL DOS EDITORES DE LIVROS, RJ

T277b

Teló, Michel
Bem sertanejo : a história da música que conquistou o Brasil / Michel Teló, André Piunti. - 1. ed. - São Paulo : Planeta, 2015.

ISBN 978-85-422-0542-8

1. Música sertaneja - Brasil - História e crítica. I. Piunti, André. II. Título.

15-22809 CDD: 784.500981
CDU: 78.067.26(81)

Este livro foi composto em Berkeley, Apex Sans, Myriad Pro e Helvetica Neue. Impresso pela RR Donnelley para a Editora Planeta do Brasil em junho de 2015.

2015
Todos os direitos desta edição reservados à
Editora Planeta do Brasil Ltda.
Rua Padre João Manoel, 100 - 21° andar
Edifício Horsa II - Cerqueira César
01411-000 — São Paulo — SP
www.planetadelivros.com.br
atendimento@editoraplaneta.com.br